FISCAL

Béatrice et Francis GRANDGUILLOT
Damien FALCO

en poche

15e édition 2021

Toute la fiscalité applicable en 2021

Gualino
un savoir-faire de Lextenso

Liste des principales abréviations

CEL	: Compte d'épargne logement
CI	: Crédit d'impôt
CIMR	: Crédit d'impôt de modernisation du recouvrement
CSB	: Contribution sociale sur les bénéfices
CUMP	: Coût unitaire moyen pondéré
EBITDA	: *Earnings before interest, taxes, depreciation, and amortization*
FCP	: Fonds communs de placement
FCPI	: Fonds communs de placement dans l'innovation
FCPR	: Fonds communs de placement à risque
FIP	: Fonds d'investissement de proximité
IFI	: Impôt sur la fortune immobilière
JEI	: Jeunes entreprises innovantes
LOA	: Location avec option d'achat
Md€	: Milliard d'euros
OGA	: Organisme de gestion agréé
OPA	: Offre publique d'achat
OPE	: Offre publique d'échange
PACTE	: Loi Plan d'action pour la croissance et la transformation des entreprises
PAS	: Prélèvement à la source
PEA	: Plan d'épargne en actions
PEL	: Plan d'épargne logement
PEP	: Plan d'épargne populaire
PER	: Plan d'épargne retraite
PFO	: Prélèvement forfaitaire obligatoire
PFU	: Prélèvement forfaitaire unique
RFR	: Revenu fiscal de référence
SICAV	: Sociétés d'investissement à capital variable
SMIC	: Salaire minimum interprofessionnel de croissance
ZFU	: Zone franche urbaine
ZRR	: Zone de revitalisation rurale

Béatrice et Francis Grandguillot sont professeurs de comptabilité et de gestion dans plusieurs établissements d'enseignement supérieur.

Damien Falco est Maître de conférences à l'Université de Haute-Alsace et avocat.

Suivez-nous sur **www.gualino.fr**

Contactez-nous **gualino@lextenso.fr**

1, Parvis de La Défense
92044 Paris La Défense Cedex
978-2-297-13212-1
ISSN 1962-6428

Sommaire

1 TVA : PRINCIPES GÉNÉRAUX

DÉFINITIONS

TVA

Impôt indirect sur la consommation calculé sur le prix hors taxes (HT) d'un bien ou d'un service. La TVA est ***collectée*** par l'intermédiaire de l'assujetti pour le compte de l'État et supportée par le consommateur final.

Assujetti

Personne qui réalise une activité économique de manière indépendante à titre habituel et onéreux, quel que soit son statut juridique, sa situation au regard des autres impôts et la forme ou la nature de son intervention.

Redevable

Personne, assujettie ou non, qui reverse la taxe à l'administration fiscale.

CHAMP D'APPLICATION

Opérations imposables

Opérations imposables		
par nature	**par disposition expresse de la loi**	**sur option**
• Livraisons de biens corporels (transferts de propriété) • Prestations de services (travaux immobiliers, conseils…) • Activités économiques exercées de manière indépendante (professions libérales, activités de distribution…) • Réalisées à titre onéreux par un assujetti	• Certaines livraisons à soi-même de biens ou services (LASM) • Importations en provenance de pays tiers • Acquisitions intracommunautaires • Achats de certains produits à des non redevables (alcools…)	• Opérations normalement exonérées qui peuvent être soumises sur option à l'imposition (locations de locaux nus à usage professionnel ; opérations bancaires ; services fournis par descollectivités locales…) • Livraisons de terrains non à bâtir • Cessions d'immeubles de plus de 5 ans

Les livraisons à soi-même d'immobilisations dont la TVA ouvre intégralement droit à déduction ne sont pas taxables à la TVA.

Opérations exonérées et opérations imposées sur option

Principales opérations exonérées et option possible	
• Exportations et livraisons intracommunautaires	
• Activités médicales, paramédicales et actes d'osthéopatie	
• Travaux d'analyses de biologie médicale	
• Activités d'enseignement scolaire et universitaire	
• Opérations de bourse	
• Livraisons de terrains non à bâtir	→ Option
• Cessions d'immeubles achevés depuis plus de cinq ans	→ Option
• Locations d'immeubles nus ou meublés à usage d'habitation	
• Locations de locaux nus à usage professionnel, industriel ou commercial	→ Option
• Activités bancaires (intérêts, agios, escomptes)	
• Activités bancaires (affacturage…) pour une période de 5 ans renouvelable	→ Option
• Prestations de garde d'enfants de moins de 3 ans assurées par les crèches	
• Prestations des associations de services à la personne âgée ou handicapée	

Conséquence de l'option

L'assujetti doit remplir les obligations de tout redevable.

Conséquences de l'exonération

L'assujetti
- n'est pas redevable de la TVA.
- ne facture pas la TVA sur les opérations exonérées.
- ne déduit pas la TVA payée sur les achats relatifs à ces opérations (sauf pour les exportations et les livraisons intracommunautaires) est, en principe, redevable de la taxe sur les salaires.

RÈGLES DE TERRITORIALITÉ

Territoire

On distingue trois groupes de territoire pour l'application de la TVA :

Territoire
- *français* (France continentale, Corse…)
- *de l'Union européenne* au 01/01/2021 : 27 États, suite à la sortie du Royaume-Uni de l'UE
- *d'exportation* (pays tiers ou assimilés)

Livraisons de biens meubles corporels

Lieu de départ	Lieu de destination		
	France	**Autre État de l'UE**	
France	Opération interne : ***TVA***	Livraison intracommunautaire : ***exonération sous conditions*** sauf pour les non assujettis	Exportation : ***exonération sous conditions***
Autre État de l'UE	Acquisition intracommunautaire : ***TVA*** (autoliquidation) sauf bien exonéré	—	—
Pays hors UE	Importation : Taxable à la TVA ou autoliquidation sur options	—	—

Depuis le 1/1/2020, le numéro d'identification à la TVA de l'acquéreur et l'établissement de la déclaration d'échange de biens (DEB) par le fournisseur sont 2 nouvelles conditions de fond du régime d'exonération des livraisons intracommunautaires.

Le régime des ventes à distance

	Régime applicable jusqu'au 30 juin 2021	**Régime applicable à compter du 1er juillet 2021**
Principe	TVA du pays du vendeur si son CA HT de N-1 (ou à défaut celui de N) à destination d'un même pays est < à un seuil fixé par cet État Si franchissement du seuil, application de la TVA du pays de destination du bien.	TVA du pays du vendeur si son CA HT de N-1 (ou à défaut de celui de N), à destination des autres États membres est < à 10 000 €. Si franchissement de ce seuil, application de la TVA du pays de destination de la marchandise.
Option	Option possible pour appliquer la TVA du pays de destination dès le premier euro des ventes.	Option possible pour appliquer la TVA du pays de destination dès le premier euro des ventes.

Prestations de services

Deux règles générales	
Qualité du preneur (bénéficiaire)	**Lieu de taxation**
Le preneur est assujetti à la TVA	Lieu d'établissement du preneur
Le preneur n'est pas assujetti à la TVA	Lieu d'établissement du prestataire

Ces règles générales entraînent plusieurs conséquences :
- ***le preneur assujetti*** à la TVA et redevable doit déclarer et autoliquider la TVA, sachant que l'exigibilité intervient à la réalisation de la prestation ou lors de l'encaissement d'acomptes ;
- ***le prestataire*** qui fournit des services à des preneurs assujettis établis dans un autre État de l'UE doit souscrire une déclaration d'échanges de services (DES) mensuelle pour les services rendus, dès le premier euro ;
- ***un numéro d'identification à la TVA*** est attribué à tout assujetti qui reçoit dans son État d'établissement ou qui rend dans un autre État membre de l'UE des prestations de services pour lesquelles la TVA est autoliquidée.

Pour certaines prestations de services ***aisément localisables*** (ventes à consommer sur place, locations de moyens de transports de courtes durées…), il existe des dérogations à ces deux règles générales, de façon à les taxer sur leur lieu de consommation effective. ***Les services de télécommunication, de télévision et les services électroniques*** fournis à des pre- neurs non assujettis domiciliés dans un autre État membre sont, en prin- cipe, imposables au lieu de consommation. Dans ce cas, le prestataire assujetti, établi en France, peut souscrire au régime du ***mini-guichet unique de TVA*** pour déclarer et payer la TVA. Toutefois, le prestataire qui ne dépasse pas un seuil de recettes de 10 000 € doit collecter la TVA de l'État membre où il est établi.

2 TVA collectée

Principe

L'assujetti ***collecte*** auprès de ses clients la TVA qu'il facture sur ses ventes.

Taux de TVA

Au 01/01/2021, ***quatre taux*** sont applicables en France continentale :

Taux normal 20 %	• Opérations qui ne relèvent pas des autres taux (majorité des produits manufacturés, la plupart des services et certains services à la personne, engrais chimiques)
Taux intermédiaire 10 %	• Bois de chauffage, produits horticoles et floricoles • Alimentation animale, produits à usage agricole non transformés • Ventes à consommer sur place, ventes à emporter ou à livrer • Préparations et médicaments non remboursés par la SS • Fournitures de logements et de repas (sauf celles taxées à 5,5 %) • Spectacles (autres que vivants), visites, jeux, attractions • Travaux effectués dans des logements construits depuis plus de 2 ans (sauf ceux taxés à 5,5 %) • Abonnements aux services de télévision (sauf offre composite) • Services d'aide à la personne (sauf ceux taxés à 20 % et à 5,5 %) • Œuvres d'art, objet de collection ou d'antiquité (sauf importations et acquisitions intracommunautaires) • Transports de voyageurs
Taux réduit 5,5 %	• Produits destinés à l'alimentation humaine (sauf alcools…) • Livres et livres audio • Travaux améliorant la qualité énergétique dans les logements achevés depuis plus de 2 ans • Appareillages et équipements pour handicapés • Livraison d'électricité et fourniture de chaleur (géothermie…) • Aide aux handicapés et aux personnes âgées dépendantes ; fourniture de logement et de repas dans les maisons de retraite, établissements pour handicapés, foyers jeunes travailleurs ; repas dans les cantines scolaires • Spectacles vivants, droits d'entrée dans les cinémas, manifestations sportives et discothèques • Importations et acquisitions intracommunautaires d'oeuvres d'art
Taux particulier 2,10 %	• Presse écrite et services de presse en ligne • Médicaments remboursés par la Sécurité sociale • 140 premières représentations théâtrales et de cirque • Ventes d'animaux vivants de boucherie et de charcuterie à des personnes non assujetties à la TVA • Redevance pour droit d'usage des appareils de télévision

Calcul de la TVA

TVA facturée

Le montant de la TVA facturée au client correspond au calcul suivant :

Base d'imposition x Taux de TVA = **TVA facturée**

Base d'imposition : règle générale

Base d'imposition : livraisons de biens meubles et prestations de services	
Éléments inclus	**Éléments exclus**
• Prix de vente hors taxes (PVHT) • Frais de transports • Frais de commission, de courtage et d'assurance • Frais d'emballages perdus • Frais divers de facturation ou de livraison (livraison expresse…) • Intérêts pour délai de paiement • Impôts et taxes relatifs à l'opération (droits de douane, taxes parafiscales…)	• TVA elle-même • Réductions de prix déduites de la base (rabais, remise, ristourne et escompte) • Emballages récupérables consignés • Dépôts de garantie et cautions versés • Taxes et frais avancés par le fournisseur pour le compte du client et remboursés par ce dernier • Frais à la charge du client et réglés par ses soins

Base d'imposition : règles particulières

La base d'imposition diffère en fonction du caractère de l'opération :

Opérations particulières	Base d'imposition
Livraison à soi-même taxable	Coût de revient pour les biens fabriqués Valeur vénale ou Coût d'achat pour les biens prélevés
Importation	Valeur en douane
Achats à des non assujettis	Prix d'achat majoré des impôts spécifiques éventuels (droit sur les alcools…)
Livraison d'immeubles	Prix de cession ou base réduite à la marge dans certains cas

FAIT GÉNÉRATEUR ET EXIGIBILITÉ

Définitions

Fait générateur : événement qui fait naître la créance de l'État.
Exigibilité : droit du Trésor public, à un moment donné, d'obtenir le paiement de la taxe auprès du redevable.

Règles d'application

Opérations	Fait générateur	Exigibilité
Livraison de biens corporels	Livraison du bien	Livraison du bien
Prestations de services[1] et travaux immobiliers	Achèvement de la prestation de services	Encaissement du prix, sauf option TVA sur les débits
Livraison à soi-même taxable	Première utilisation	Première utilisation
Acquisition intracommunautaire	Livraison du bien	Le 15 du mois suivant celui au cours duquel le fait générateur est intervenu, ou la date de la facture si elle est antérieure
Importation[2]	Dédouanement	Dédouanement

(1) La TVA est autoliquidée par le donneur d'ordre ***en cas de sous-traitance dans le secteur du bâtiment***. Ainsi, la TVA est acquittée par le donneur d'ordre et non plus par le sous- traitant
(2) Le mécanisme de l'autoliquidation de la TVA due à l'importation peut être appliqué sur autorisation préalable des services douaniers, sous certaines conditions. Ainsi, la TVA n'est plus acquittée en douane. La TVA déductible et celle due à l'importation figurent sur la même de la déclaration de TVA

Pour les prestations de services autoliquidées, d'après le principe général de territorialité, le fait générateur et l'exigibilité sont confondus.

Option du paiement de la TVA « d'après les débits »

L'option est possible pour les prestataires de services et pour les entrepreneurs de travaux immobiliers. La TVA est alors ***exigible dès la facturation ou lors de l'encaissement d'acomptes*** avant la date de facturation.

OBLIGATIONS DE L'ASSUJETTI

L'assujetti doit :
- ***déclarer son existence ou sa cessation d'activité*** auprès du centre de formalités des entreprises (CFE) dont il depend ;
- ***faire figurer le numéro d'identification*** sur les déclarations de TVA et sur les factures ;
- ***délivrer aux clients une facture*** (sauf pour les opérations exonérées) électronique ou papier. Le fournisseur peut donner mandat au client ou à un tiers pour émettre les factures en son nom et pour son compte ;
- ***tenir une comptabilité*** en distinguant les opérations imposables ou non ;
- ***ventiler les recettes*** par taux de TVA si nécessaire ;
- ***télétransmettre la déclaration et le paiement de la TVA***.

3 TVA DÉDUCTIBLE

PRINCIPE

Le redevable ***déduit*** du montant de la TVA collectée d'une période le montant de la taxe qui a ***grevé*** l'ensemble de ses acquisitions, importations ou livraisons à soi-même de biens et services au cours de la même période. Il ne reverse au Trésor public que la différence entre la TVA collectée et la TVA déductible.

CONDITIONS DE DÉDUCTIBILITÉ

La TVA sur les biens et services est déductible à condition que ces derniers :

- ***soient affectés aux besoins de l'exploitation*** et non exclus du droit à déduction par une disposition particulière ;
- ***entrent dans le champ d'application de la TVA*** (y compris pour les exportations et les livraisons intracommunautaires).

Le droit à déduction prend naissance lorsque la taxe devient exigible chez le redevable (fournisseur…).

Le montant de la TVA déductible doit, en principe, être mentionné sur un document justificatif (facture…) et être porté sur les déclarations de TVA. Toutefois, le redevable peut exercer son droit à déduction dès lors qu'il possède le document à la date limite de dépôt de la déclaration de TVA.

BIENS ET SERVICES EXCLUS DU DROIT À DÉDUCTION

Biens ou services exclus	Exceptions
Dépenses de logement ou d'hébergement engagées directement au profit des dirigeants et du personnel de l'entreprise	Dépenses relatives à la fourniture à titre gratuit du logement sur les chantiers ou dans les locaux d'une entreprise du personnel de surveillance, de sécurité ou de gardiennage
Véhicules de transport des personnes ou à usage mixte et éléments constitutifs, pièces détachées et accessoires	• Acquis par les entreprises de transports publics de voyageurs • De plus de 9 places assises destinés à transporter le personnel sur les lieux de travail • Appartenant aux concessionnaires de véhicules et aux loueurs de véhicules • Affectés à l'enseignement de la conduite
Services afférents à des biens exclus du droit à déduction	—
Biens fournis sans rémunération	• de faible valeur (69 € TTC pour les cadeaux, 107 € TTC pour les présentoirs publicitaires) • échantillons et spécimens, sous réserve de la mention : « *Vente interdite* » • matériels publicitaires remis gratuitement aux clients quelle que soit leur valeur mais sous certaines conditions
Carburants, gazole, huiles de vidange chez l'utilisateur final	• Gazole et superéthanol E85 achetés pour des véhicules utilitaires • GPL, butane liquéfié, GNV • Gazole et superéthanol E85 achetés pour des véhicules de tourisme : déductibilité dans la limite de 80 % du montant de la TVA • Gaz de pétrole autres que le GPN et le GNV pour des véhicules exclus du droit à déduction : déductibilité dans la limite de 50 % du montant de la TVA • Essence achetée en 2021, pour des véhicules : déductible dans la limite de 880 % du montant de la TVA

RÈGLE DU DROIT À DÉDUCTION

La TVA déductible relative à chaque bien ou service est calculée à partir de son ***coefficient de déduction***.

Définition des assujettis et des redevables partiels

Assujettis partiels	Ils réalisent des opérations dans le champ et hors du champ d'application de la TVA ; en conséquence, une partie de leurs opérations réalisées n'ouvre pas droit à déduction.
Redevables partiels	Ils réalisent des opérations dans le champ d'application de la TVA mais dont certaines n'ouvrent pas droit à déduction ; en conséquence, leur droit à déduction est limité.

Détermination du coefficient de déduction

Le coefficient de déduction est égal au produit de 3 coefficients. Il permet de prendre en compte l'ensemble des situations au regard du droit à déduction.

Coefficient de déduction = Coefficient d'assujettissement x Coefficient de taxation x Coefficient d'admission

L'ensemble des coefficients est arrondi à la deuxième décimale par excès. Le coefficient de déduction peut varier d'un bien ou d'un service à l'autre. Si l'un des 3 coefficients est nul, le coefficient de déduction est nul et l'assujetti ne bénéficie d'aucun droit à déduction.

Description des coefficients

Coefficient	Définition
Coefficient d'assujettissement	Égal à la proportion d'utilisation du bien ou du service pour la réalisation d'opérations situées dans le champ d'application de la TVA. Un coefficient unique peut être retenu, par année civile, pour l'ensemble des biens et des services utilisés à la fois pour des opérations imposables et pour celles nonimposables.
Coefficient de taxation	Traduit le degré d'utilisation du bien ou du service pour la réalisation d'opérations imposables ouvrant droit à déduction. Il doit être déterminé forfaitairement lorsqu'il s'agit d'un bien ou d'un service utilisé de façon mixte, c'est-à-dire à des opérations imposables ouvrant droit à déduction et n'ouvrant pas droit à déduction à la fois. ***Coefficient forfaitaire*** Montant annuel du CA HT afférent aux opérations ouvrant droit à déduction / Montant annuel du CA HT afférent à l'ensemble des opérations situées dans le champ d'application de la TVA Sont exclus du rapport : les cessions d'immobilisations ; les subventions non imposables ; les livraisons à soi-même d'immobilisations soumises à la TVA ; les produits financiers et les revenus immobiliers exonérés de TVA qui présentent un caractère accessoire par rapport à l'activité principale. Un coefficient forfaitaire unique peut être retenu, par année civile, pour l'ensemble des biens et des services.
Coefficient d'admission	Prend en compte l'existence de mesures d'exclusion ou de restriction du droit à déduction de la TVA pour certains biens et services (véhicule de tourisme, gazole…).

Chaque coefficient est déterminé provisoirement, puis définitivement (coefficient de référence) arrêté avant le 25 avril N + 1. Si un écart est constaté, il faut procéder soit à un complément de déduction, soit à un reversement de TVA.

RÉGULARISATIONS DU DROIT À DÉDUCTION RELATIVES AUX IMMOBILISATIONS

On distingue deux catégories de régularisation qui peuvent s'effectuer, à partir des coefficients de référence, dans un délai de 5 ans pour les immobilisations autres que les immeubles ou de 20 ans pour les immeubles bâtis ou acquis depuis le 1/1/1996.
Les régularisations annuelles ou globales sont calculées à partir de la taxe initiale. Elles se traduisent soit par un reversement de TVA, soit par un complément de déduction.

Régularisations annuelles

La TVA déduite initialement fait l'objet d'une régularisation annuelle, avant le 25 avril de l'année suivante, lorsque la variation du produit des coefficients d'assujettissement et de taxation est supérieure à 10 points. La régularisation annuelle est effectuée par cinquième ou par vingtième sur la période de régularisation.

Régularisations globales

Six événements prévus par la loi entraînent des régularisations globales (en une fois) du droit à déduction avant l'expiration de la période de régularisation :

- cessions ou apports non soumis à la TVA sur le prix total ou la valeur totale ;
- transferts entre secteurs d'activité ;
- cessions ou apports non soumis à la TVA sur le prix total ou la valeur totale ;
- transferts entre secteurs d'activité ;
- cessions ou apports soumis à la TVA sur le prix total ou la valeur totale ;
- modifications législatives ou réglementaires des règles d'exclusion ;
- biens transférés à des opérations ouvrant droit à déduction ;
- biens cessant d'être utilisés à des opérations ouvrant droit à déduction.

Chaque événement modifie un seul des 3 coefficients. Le montant de la régularisation est égal à :

Taxe initiale

x

(CD de l'année qui suit celle de l'événement – CD de référence)

x

Nombre d'années restant à courir jusqu'à la fin de la période de régularisation / 20 ans ou 5 ans

CD = coefficient de déduction

RÉGULARISATIONS DU DROIT À DÉDUCTION POUR LES AUTRES BIENS OU SERVICES

Une régularisation, sans délai de régularisation, doit être effectuée lorsque l'un des deux événements suivants se produit :

Événements	***Disparition*** de marchandises (sauf mises au rebut, destructions accidentelles ou vols justifiés par dépôt de plainte) Utilisation de biens ou de services pour une opération non taxable (repas fournis gratuitement au personnel…)
Régularisation	***Reversement*** total de la TVA initialement déduite sur les autres biens et services

4 TVA : DÉCLARATION ET PAIEMENT

RÉGIMES D'IMPOSITION

Ensemble des règles qui définit le calcul des bases d'imposition ainsi que les obligations déclaratives et comptables des contribuables.
Il existe ***3 régimes*** en fonction de l'activité et du montant du chiffre d'affaires hors taxes (CAHT) annuel ***de l'année précédente***.

Régimes	Seuils et limites de CAHT applicables en 2021	
	Ventes de marchandises, ventes à consommer sur place et prestations d'hébergement	**Autres prestations de services (dont location de meublés)**
Réel normal Régime de droit commun	CAHT > 818 000 €	CAHT > 247 000 €
Réel simplifié Régime réservé aux petites entreprises	CAHT compris entre 85 800 € et 818 000 €	CAHT compris entre 34 400 € et 247 000 €
Franchise en base* Régime réservé aux très petites entreprises (TPE)	CAHT ≤ 85 800 €	CAHT ≤ 34 400 €

* Les seuils de la franchise en base ne sont pas alignés sur ceux des régimes micro-BIC et micro- BNC et l'assujettissement à la TVA n'entraîne pas l'exclusion du régime d'imposition des bénéfices

L'option pour un régime correspondant à un des seuils supérieurs est ***possible*** pour une durée d'un an. Cependant, à compter du CA réalisé en 2021, la franchise en base est applicable aux entreprises dont le CAHT n'excède pas 94 300 € ou 36 500 € en 2020, à condition que le CAHT de 2019 n'ait pas dépassé 85 800 € ou 34 400 €.

Régime du réel normal

Le régime du réel normal s'applique obligatoirement pendant 2 ans aux entreprises nouvelles ou nouvellement redevables de la TVA du secteur du bâtiment.

Calcul de la TVA due

Le calcul de la TVA à payer, obtenu à partir des informations comptables, pour la période déterminée (mois ou trimestre) est le suivant :

	TVA collectée sur les ventes
+	TVA exigible sur les acquisitions intracommunautaires et les achats de prestations internationales
+	TVA due sur les autres opérations relevant du mécanisme d'autoliquidation de la TVA*
–	TVA déductible sur les acquisitions d'immobilisations
–	TVA déductible sur les autres biens et services
=	**TVA nette due**

* TVA due à l'importation et TVA due sur les travaux de construction réalisés pour un sous-traitant

Crédit de TVA

Lorsque le montant de la TVA déductible est supérieur à celui de la TVA collectée, l'entreprise constate un crédit de TVA qui représente une créance sur l'État. La modalité d'extinction de la créance varie selon le montant du crédit de TVA (report sur la déclaration suivante ou remboursement annuel, trimestriel ou mensuel). L'entreprise doit télétransmettre la demande de remboursement.

Déclaration et paiement

Télé-déclaration	***Formulaire CA3*** : saisie directement en ligne (mode EFI) ou par l'intermédiaire d'un expert-comptable ou d'un prestataire (mode EDI) ***Périodicité*** : mensuelle (trimestrielle si TVA exigible annuelle < 4 000 €) ***Dates limites*** : entre le 15 et le 24 du mois suivant la période concernée
Télé-règlement	***Simultané*** à la télétransmission de la déclaration en mode EFI ou EDI, au moyen du prélèvement SEPA interentreprises

RÉGIME DU RÉEL SIMPLIFIÉ

Pour bénéficier du régime du réel simplifié en matière de TVA, les entreprises doivent remplir deux conditions :

- le CA N – 1 ne doit pas dépasser les limites prévues pour ce régime ;
- la TVA nette due de l'année précédente ne doit pas excéder 15 000 €.

Dans ce cas, la TVA nette due pour l'exercice écoulé N n'est calculée qu'***une fois par an*** lors de l'établissement de la déclaration en avril de l'année suivante N + 1. Toutefois, le redevable doit verser deux acomptes provisionnels en N. Lorsque le montant de la TVA nette due de l'année précédente ***dépasse 15 000 €***, les entreprises doivent déclarer et payer leur TVA mensuellement selon le régime normal.

Calcul des acomptes semestriels

Acomptes	Base de calcul	Taux	Dates d'exigibilité
1er	Taxe due au titre de l'année ou de l'exercice précédent, avant déduction de la TVA sur les immobilisations	55 %	Juillet
2e		40 %	Décembre

Total des acomptes = 95 % de la base de calcul

Si la base de calcul est < 1 000 €, le redevable est dispensé du versement d'acomptes. En fonction de l'évolution réelle de son activité, l'assujetti peut moduler (augmenter ou diminuer) voire suspendre le versement d'un acompte.

Détermination de la TVA nette due

Les éléments de calcul de la TVA nette due pour l'exercice écoulé (N), portés sur la déclaration, sont les mêmes que ceux relatifs au régime du réel normal.

Calcul de la régularisation annuelle (ou solde)

La TVA à payer ou le crédit de TVA est déterminé sur la déclaration d'après le calcul suivant :

TVA nette due pour N – Acomptes versés en N = **TVA à payer ou crédit de TVA**

Le crédit de TVA est

- soit ***imputé*** sur les acomptes suivants.
- soit ***remboursé*** quel que soit son montant.

Déclaration et paiement

Télé-déclaration	***Formulaire CA12*** : transmis selon le mode EFI ou EDI ***Périodicité*** : annuelle ***Date limite*** : 30 avril de l'année suivante
Télé-règlement	***Simultané*** à l'envoi de la déclaration en mode EFI ou EDI, au moyen du prélèvement SEPA interentreprises

FRANCHISE EN BASE

La franchise en base a pour objet ***d'alléger les contraintes fiscales*** des très petites entreprises.

Conséquences de la franchise en base	• Dispense de collecte de la TVA • Dispense de déclaration • Obligations de mentionner sur les factures : « *TVA non applicable, article 293 B du CGI* » • Aucun droit à déduction • Assujettissement à la taxe sur les salaires

5

IMPOSITION DES ENTREPRISES : PRINCIPES GÉNÉRAUX

CARACTÉRISTIQUES

Les bénéfices réalisés par les entreprises représentent un ***revenu imposable***.

Modes d'imposition

On distingue ***2 modes d'imposition*** des résultats des entreprises selon leur forme juridique ou leur activité :

Éléments	BIC	IS
Entreprises	**Sans personnalité fiscale**	**Avec personnalité fiscale**
Personnes imposables	Personnes physiques : • ***de plein droit*** : exploitants, associés des sociétés de personnes, associés commandités des SCS, associés EURL, membres des GIE, des sociétés en participation et les sociétés de fait ; • ***sur option*** : les membres de SARL de famille et les SARL, SAS, SASU, SA non cotées, mais pour 5 exercices et sous conditions.	Personnes morales et EIRL : • ***de plein droit*** : sociétés de capitaux, SARL, SCS pour la part des commanditaires, EURL dont l'associé est une personne morale, SEL ; • ***sur option*** avec renonciation possible dans les 5 ans : sociétés de personnes, en participation, civiles, EURL, les sociétés de fait et EIRL soumis au régime du réel.
Bénéfice imposable	Bénéfices tirés d'activités industrielles, commerciales artisanales et considérées comme commerciales (marchands de biens, locations meublées non professionnelles…)	Totalité du résultat de la société ou de EIRL
Paiement de l'impôt	• Impôt payé par l'exploitant ou l'associé dans le cadre de l'impôt sur le revenu en fonction de sa quote-part de bénéfice distribué ou non. Il n'est pas une charge comptable pour l'entreprise. • Prélèvement à la source : paiement de l'IR via des acomptes calculés sur la base de la déclaration des revenus et prélevés mensuellement ou trimestriellement par l'administration fiscale. Les acomptes correspondent à l'impôt de l'année en cours.	• Impôt payé spontanément par la société ou EIRL : il représente une charge comptable pour l'entreprise. L'impôt dû au titre de l'exercice N est payé sous forme d'acomptes provisionnels en N, le solde étant versé au cours de N + 1. • Associés ou EIRL imposés à leur tour sur la part de bénéfice qui leur est distribuée.

Territorialité

BIC		IS	
Présence d'une CFI	**Absence de CFI**	**Présence d'une CFI**	**Absence de CFI**
Règles fixées par la CFI. En général, le CFI prévoit les revenus imposés par l'État de résidence (RCM, redevances, BIC à défaut d'établissement stable…) et ceux imposés par l'État de source des revenus (RF, BA…).	Si le contribuable a son domicile fiscal en France, il est imposable à l'IR sur l'ensemble de ses revenus. À l'inverse, il est imposable à l'IR seulement sur ses revenus de source française.	Il convient de déterminer le lieu où se situe l'établissement stable. Les revenus directement liés à l'activité sont imposables dans l'État où se situe l'établissement stable.	L'IS vise les bénéfices des sociétés exploitées en France. Sont donc exclus les bénéfices et déficits réalisés par une société exploitée à l'étranger. Exception pour les revenus passifs (dividendes, loyers, plus-values…) qui sont imposables en France.

RÉSULTAT FISCAL

Définition

Le bénéfice imposable correspond au résultat comptable après corrections pour tenir compte des divergences entre les règles fiscales et les règles comptables.

Calcul

Résultat comptable de l'exercice	Base de calcul du résultat fiscal	Total des produits – Total des charges
Résultat fiscal	Base de calcul de l'impôt	Résultat comptable + Réintégration (charges non déductibles) – Déduction (produits non imposables)

RÉGIMES D'IMPOSITION

3 régimes d'imposition déterminés chacun selon 4 critères

- type d'entreprise : individuelle ou société
- montant annuel du CAHT réalisé
- nature des opérations réalisées
- option choisie par l'entreprise

Champ d'application : seuils et limites de CAHT pour 2021

Régimes	Ventes de marchandises Fournitures de logement	Autres activités
Réel normal : • Entreprises soumises à l'IS ou à l'IR au titre des BIC • Sur option, les entreprises relevant du régime micro ou du réel simplifié	CAHT > 818 000 €	CAHT > 247 000 €
Réel simplifié : • Entreprises soumises à l'IS ou à l'IR au titre des BIC • Sur option, les entreprises relevant du régime micro	CAHT compris entre 176 200 € et 818 000 €	CAHT compris entre 72 600 € et 247 000 €
Micro-entreprise : Entreprises individuelles et EURL dont l'associé unique, personne physique, est gérant, bénéficiant ou non du régime de franchise en base de TVA	CAHT ≤ 176 200 €	CAHT ≤ 72 600 €* * Y compris loueurs en meubles autres que chambres d'hôtes et meublés de tourisme

Rappelons que les seuils du régime d'imposition des micro-entreprises sont désormais dissociés de ceux du régime de la franchises en base de la TVA. Le régime de la micro-entreprise permet de bénéficier du prélèvement libératoire de l'IR, sous certaines conditions.

Obligations

Régimes	Obligations comptables	Obligations fiscales
Réel normal	Comptabilité complète et régulière d'après les prescriptions du Code de commerce, du Plan comptable général (PCG) et du Code général des impôts (CGI)	Déclaration de résultat (imprimé 2065 pour l'IS ou 2031 pour l'IR-BIC) et liasse fiscale à transmettre par voie électronique au service des impôts au plus tard le 2e jour ouvré suivant le 1er mai
Réel simplifié	***Entreprises individuelles*** : Comptabilité super-simplifiée (comptabilité de trésorerie), bilan et compte de résultat simplifiés. Dispense de l'annexe ***Sociétés commerciales*** (sauf les sociétés contrôlées) : comptabilité de trésorerie sur option ; bilan et compte de résultat simplifiés ; annexe abrégée, sous conditions de seuils	Déclaration identique à celle prévue pour le régime normal, liasse fiscale simplifiée à transmettre par voie électro
Micro-entreprise	Tenue d'un registre des achats et d'un livre journal des recettes professionnelles sous forme électronique, sur option Dispense d'établir un bilan et un compte de résultat	Bénéfice imposable calculé forfaitairement par l'Administration Dispense de déclaration de résultats mais report du CA annuel et des ± values sur la déclaration des revenus

Les micro-entreprises, au sens comptable, sont dispensées d'établir l'annexe.
Les petites entreprises, au sens comptable, peuvent établir un bilan, un compte de résultat et une annexe simplifiés. Les moyennes entreprises, au sens comptable, peuvent établir un compte de résultat simplifié. Les entreprises établies en France, membre d'un groupe international dont le CA consolidé excède 750 M€ doivent, en principe, déposer chaque année une déclaration dématérialisée des bénéfices pays par pays.

6 DÉDUCTIBILITÉ DES CHARGES DÉCAISSABLES

CONDITIONS DE DÉDUCTIBILITÉ

Les charges :

- ***doivent être engagées*** dans l'intérêt direct de l'exploitation ou se rattacher à la gestion normale de l'entreprise ;
- ***doivent correspondre*** à une charge effective et être justifiées par un document ;
- ***doivent être comprises*** dans les charges de l'exercice au cours duquel elles ont été engagées et se traduire par une diminution de l'actif net de l'entreprise ;
- ***ne doivent pas être frappées*** par une disposition particulière de la loi interdisant leur déductibilité (charges somptuaires…).

Les entreprises individuelles doivent réintégrer fiscalement les charges qui ne se rapportent pas à l'activité professionnelle.

TRAITEMENT FISCAL DES CHARGES D'EXPLOITATION

<table>
<tr><th></th><th>Entreprise soumise à l'IR</th><th>Société et EIRL soumis à l'IS</th></tr>
<tr><td>Achats</td><td colspan="2">Déductibles pour le montant :
Prix d'achat HT + Frais accessoires
– Réductions commerciales</td></tr>
<tr><td rowspan="2">Loyers et charges locatives
Mais :
• Redevances de crédit-bail ou loyer des locations de véhicules de tourisme et de ceux homologués N1 > 3 mois</td><td colspan="2">Déductibles</td></tr>
<tr><td colspan="2">Déductibles
dans la limite d'un plafond égal à :
– 30 000 € pour les véhicules acquis à partir de 2017 dont taux de $C0_2$ < 20 g/km ;
– 20 300 € pour les véhicules acquis à partir de 2017 dont taux de $C0_2$ ≥ 20 g/km et < 60 g/km ;
– 18 300 € pour les véhicules acquis en 2018 dont taux de $C0_2$ ≥ 60 g/km et ≤ 150 g/km. Pour ceux acquis en 2019 dont taux de $C0_2$ ≤ 140 g/km, pour ceux acquis en 2020 dont taux de $C0_2$ ≤ 135 g/km et pour ceux acquis en 2021 dont taux de C02 ≤ 130 g/km ;
– 9 900 € pour les véhicules acquis en 2018 dont taux de $C0_2$ > 150 g/km. Pour les véhicules acquis en 2019 dont taux de C02 > 140 g/km, pour ceux acquis en 2020 dont taux de $C0_2$ > 135 g/km et pour ceux acquis en 2021 dont taux de C02 > 130 g/km</td></tr>
<tr><td>Frais d'entretien et de réparations</td><td colspan="2">Déductibles, sauf :
– dépenses relatives aux charges somptuaires ;
– dépenses visant à augmenter la valeur ou la durée de vie du bien aux dates auxquelles interviennent les dépenses.</td></tr>
<tr><td rowspan="2">Primes d'assurance
Mais :
• Cotisations d'assurance-vie ou décès, souscrites librement, sur la tête d'un dirigeant au profit de l'entreprise</td><td colspan="2">Déductibles</td></tr>
<tr><td colspan="2">Déductibles
au moment de l'expiration du contrat ou lors du décès de l'assuré</td></tr>
<tr><td>Commissions, courtages et honoraires</td><td colspan="2">Déductibles
mais doivent être portés sur la DSN</td></tr>
<tr><td>Publicité et relations publiques</td><td colspan="2">Déductibles
sauf publicité prohibée et cadeaux qui ne sont pas faits dans l'intérêt direct de l'entreprise</td></tr>
</table>

	Entreprise soumise à l'IR	Société et EIRL soumis à l'IS
Frais de voyage et de déplacement	**Déductibles** s'ils ont un caractère professionnel. Lorsqu'ils concernent les personnes les mieux rémunérées de l'entreprise, ils doivent figurer sur le relevé des frais généraux	
Frais de réception et de représentation	**Déductibles** s'ils sont engagés dans l'intérêt de l'entreprise et s'ils ne sont pas qualifiés de somptuaires	
Frais d'acquisition des titres de participation (droits de mutation, honoraires, commissions...)	**Déductibles** ou rattachés au coût d'acquisition des titres, sur option	**À réintégrer** car incorporés au prix de revient des titres et amortis sur 5 ans
Impôts et taxes	**Déductibles**	
Mais : • **Taxes sur les véhicules de sociétés (y compris ceux homologués N1)** • **Pénalités d'assiette, de retard, de déclaration et de recouvrement**	**Déductibles**	**À réintégrer**
Charges de personnel	**Déductibles**	**À déduire** salaires et charges sociales, dépenses dans l'intérêt des salariés, rémunérations versées aux dirigeants sauf si elles sont excessives ou non justifiées
•Rémunération de l'exploitant et des associés	**À réintégrer**	—
• **Salaire du conjoint (régimes de séparation de biens ou de commu nauté)**	**Déductible intégralement**	
• **Rémunérations différées versées au départ des dirigeants des sociétés cotées (parachutes dorés)**	—	**Déductibles** dans la limite de 3 fois le plafond annuel de la SS par bénéficiaire
Jetons de présence • **Société employant au moins 5 personnes**	—	**Déductibles** s'ils n'excèdent pas globalement 5 % du montant de la rémunération moyenne des 5 ou 10 personnes les mieux rémunérées selon que l'effectif est > ou non à 200 salariés
• **Société employant moins de 5 personnes**	—	**Déductibles** 457 € par membre du conseil

TRAITEMENT FISCAL DES CHARGES FINANCIÈRES

Les charges financières nettes des sociétés soumises à l'IS sont déductibles dans la limite de 30 % de l'EBITDA fiscal ou de 3M€ si ce montant est plus élevé.

	Entreprise soumise à l'IR	Société et EIRL soumis à l'IS
Intérêts des sommes dues à des tiers	**Déductibles** sur les résultats de l'exercice au cours duquel ils ont couru	
Intérêts des comptes courants d'associés	**Déductibles** si capital entièrement libéré et si taux des intérêts ≤ à la moyenne annuelle des TMPV* Pour les sociétés liées, soumises à l'IS, le taux limite de déduction peut être celui du marché s'il est > TMPV	
Pertes latentes de change	**À déduire** de manière extra-comptable	
Pertes de change	**Déductibles**	

* Taux effectifs moyens pour des prêts à taux variable (TMPV)

TRAITEMENT FISCAL DES CHARGES EXCEPTIONNELLES

	Entreprise soumise à l'IR	Société et EIRL soumis à l'IS
Dons	**Déductibles** si versés dans l'intérêt direct de l'entreprise ou du personnel	
Mais : **· Dons effectués au titre du mécénat***	**À réintégrer**	
Pénalités et amendes, quelle que soit leur nature	**À réintégrer**	

* Ils bénéficient d'une réduction d'impôt de 60 % dans la limite de 10 000 € ou de 5 ‰ du CAHT lorsque ce dernier montant est plus élevé

TRAITEMENT FISCAL DE LA PARTICIPATION DES SALARIÉS ET DE L'INTÉRESSEMENT

	Entreprise soumise à l'IR	Société et EIRL soumis à l'IS
Participation des salariés calculée au titre de l'exercice	**À réintégrer**	
Participation virée en réserve spéciale de participation	**À déduire**	
Sommes dues au titre de l'intéressement	**Déductibles**	

TRAITEMENT FISCAL DES IMPÔTS SUR LES BÉNÉFICES

	Entreprise soumise à l'IR	Société et EIRL soumis à l'IS
IS et contribution sociale	—	**À réintégrer**

7 DÉDUCTIBILITÉ DES CHARGES : AMORTISSEMENTS

AMORTISSEMENTS POUR DÉPRÉCIATION DES ACTIFS

Les règles comptables et fiscales relatives aux amortissements des actifs sont applicables à ***l'ensemble des entreprises*** quelle que soit leur forme juridique et qu'elles soient passibles de l'IS ou de l'IR dans la catégorie des BIC, selon le régime du réel. Lorsque des ***divergences*** existent entre les règles comptables et les règles fiscales, portant sur la base, la durée ou le mode d'amortissement, l'entreprise doit procéder, selon le cas, soit à la constatation d'un ***amortissement dérogatoire***, soit à la ***réintégration*** d'une fraction des amortissements comptables.

Le PCG précise : un actif immobilisé dont la durée d'utilisation est limitée fait l'objet d'un amortissement. S'agissant du fonds commercial, il est présumé avoir une durée d'utilisation non limitée. Dans le cas contraire, il est amorti sur sa durée d'utilisation ou sur 10 ans pour les petites entreprises.

Toutefois, sur le plan fiscal, l'amortissement du fonds commercial n'est pas déductible.

Définitions

Amortissement comptable	répartition systématique du montant de l'actif amortissable en fonction de son utilisation.
Amortissement dérogatoire	quote-part d'amortissement fiscal excédentaire résultant de la comparaison entre l'amortissement comptable et l'amortissement fiscalement déductible.
Valeur résiduelle (VR)	montant, déduction faite des coûts de sortie attendus, que l'entreprise obtiendrait de la cession de l'actif sur le marché à la fin de son utilisation.
Plan d'amortissement	traduction comptable de la répartition de la valeur amortissable d'un actif selon le rythme de consommation des avantages économiques attendus en fonction de son utilisation probable.

Règle fiscale de l'amortissement minimal obligatoire

Pour toutes les entreprises, à la clôture de chaque exercice, le total des amortissements comptabilisés, depuis l'acquisition ou la création du bien, doit être au moins égal aux amortissements cumulés calculés d'après le mode linéaire. Toutefois, dans certains cas (durée d'utilisation comptable plus longue que la durée d'usage…), la tolérance administrative s'applique.

Base amortissable

Règle comptable	Règle fiscale	Conséquences fiscales
Valeur d'origine diminuée de la valeur résiduelle significative et mesurable	Valeur d'origine	Constatation d'un amortissement dérogatoire pour la différence entre la dotation aux amortissements comptables et celle fiscalement déductible

Durées d'amortissement

Règle comptable	Règle fiscale	Conséquences fiscales
Durée d'utilisation réelle déterminée par l'entreprise	Durée d'usage fiscale (durée normale d'utilisation)	**Durée d'amortissement comptable plus longue que la durée d'usage** Constatation d'un amortissement dérogatoire pour la différence entre la dotation aux amortissements comptables et celle fiscalement déductible. **Durée d'amortissement comptable plus courte que la durée d'usage** Réintégration extra-comptable de la fraction d'amortissement comptable excédentaire.

Les petites entreprises sont autorisées à conserver les durées d'usage pour les immobilisations non décomposables afin de ne pas procéder à la constitution d'amortissements dérogatoires.

Modes d'amortissement

Règle comptable	Règle fiscale	Conséquences fiscales
Le mode d'amortissement comptable doit traduire au mieux le rythme de consommation des avantages économiques attendus de l'actif. À défaut, le mode linéaire est appliqué. Le rythme de consommation peut être mesuré en unités d'oeuvre. Toute modification significative de l'utilisation prévue de l'immobilisation entraîne la révision prospective de son plan d'amortissement.	En principe, les modes d'amortissement comptables sont admis sur le plan fiscal s'ils sont pertinents. Deux modes d'amortissement fiscaux peuvent être utilisés : ***Mode linéaire*** • Mode de droit commun (minimal obligatoire). Il s'applique à l'ensemble des biens amortissables. • Taux linéaire : 100 / Durée d'usage fiscale • Annuité constante et calculée selon les durées d'usage fiscales ***Mode dégressif*** • Facultatif. Il s'applique à des biens amortissables acquis neufs, dont la durée d'utilisation est ≥ 3 ans. • Taux dégressif : Taux linéaire x Coefficient Coefficient : 1,25 ; 1,75 ; 2,25 ; selon la durée d'utilisation (3 ou 4 ans, 5 ou 6 ans, plus de 6 ans). • Annuité dégressive et calculée selon les durées d'usage fiscales. • Biens exclus : véhicules de tourisme, mobilier, constructions autres que les immeubles des entreprises hôtelières.	• Si la dotation aux amortissements résultant du mode d'amortissement comptable est < à celle fiscalement déductible : ➜ constatation d'un amortissement dérogatoire pour la différence. • Si la dotation aux amortissements résultant du mode d'amortissement comptable est > à celle fiscalement déductible : ➜ réintégration extra-comptable de la fraction d'amortissement excédentaire.

Méthode des composants

Seuls les composants de 1re catégorie, définis ci-dessous, sont reconnus fiscalement :

Composant	
1re catégorie	Éléments principaux identifiables d'une immobilisation corporelle ayant leur propre durée d'utilisation et destinés à être remplacés
Structure	Élément restant de l'immobilisation après décomposition

Critères d'identification des composants	
Sont jugés significatifs les composants dont :	
La valeur est > soit :	• à 500 € HT • à 15 % du prix de revient total de l'immobilisation pour les biens meubles • à 1 % du prix de revient total de l'immobilisation pour les immeubles
La durée d'amortissement est :	• soit < 80 % de la durée d'utilisation de l'immobilisation • soit > 12 mois

La structure et chacun des composants d'une immobilisation font l'objet d'un ***plan d'amortissement spécifique.***

Conditions d'amortissement		
Règle comptable	**Règle fiscale**	**Conséquences fiscales**
Structure et composants amortis sur leur propre durée d'utilisation et selon le mode le mieux adapté	Le composant identifié à l'origine peut être amorti sur la durée d'usage de la structure, si avantage fiscal. La structure et les composants peuvent bénéficier du mode dégressif	Constatation d'un amortissement dérogatoire pour la différence entre la dotation aux amortissements comptables et celle fiscalement déductible

Composant non reconnu fiscalement

Sur le plan fiscal, les dépenses d'entretien identifiées en comptabilité comme composants de 2e catégorie ne sont pas reconnues et ne peuvent faire l'objet d'un plan d'amortissement spécifique.
Il en résulte plusieurs retraitements fiscaux :

① ***Réintégration*** des dotations aux amortissements excédentaires constatées en comptabilité

② ***Réintégration*** de la valeur nette comptable (VNC) non nulle (charge exceptionnelle) du composant d'origine lors de son remplacement

③ ***Déduction*** extra-comptable du supplément d'actif lié au remplacement du composant d'origine

SURAMORTISSEMENT POUR CERTAINES CATÉGORIES DE BIENS

Un suramortissement exceptionnel a été institué pour certains ***biens productifs***, ***éligibles à l'amortissement dégressif***, acquis, fabriqués ou pris en crédit-bail ou en location avec option d'achat (LOA) entre le 15/4/2015 et le 14/4/2017. La déduction est égale à 40 % de la valeur d'origine du bien. Elle est répartie linéairement sur la durée normale d'utilisation du bien et fait l'objet d'une déduction extra-comptable. Ce dispositif concerne aussi les biens éligibles commandés avant le 15/4/2017 si un acompte de 10 % a déjà été versé et si le bien est acquis dans les 2 ans après la commande.
Le dispositif a été étendu, quel que soit le mode d'amortissement pratiqué, aux biens suivants acquis, fabriqués ou pris en crédit-bail ou en LOA :

- ***remontées mécaniques***, entre le 15/4/2015 et le 14/4/2017 ;
- ***réseaux en fibres optiques***, entre le 1/1/2016 et le 14/4/2017 ;
- ***véhicules ≥ 3,5 tonnes roulant au gaz naturel***, entre le 1/1/2016 et le 31/12/2021 ;
- ***logiciels*** qui contribuent à des opérations industrielles de fabrication et de transformation, entre le 15/4/2015 et le 14/4/2019 ;
- ***appareils informatiques*** utilisés au sein d'une baie informatique, entre le 12/4/2016 et le 31/12/2017. A partir du 01/01/2021, la déduction s'applique si le bien a été commandé en 2019 ou 2020 et qu'un acompte de minimum 10 % a été versé ;
- ***équipements robotiques***, entre le 1/1/2019 et le 31/12/2020 pour les PME au sens communautaire ;
- ***équipements frigorifiques*** utilisant des fluides à faible pouvoir de réchauffement planétaire, entre le 1/1/2019 et le 31/12/2022 pour les entreprises soumises à l'IR ou à l'IS ;
- ***engins non routiers*** fonctionnant avec des énergies propres, entre le 1/1/2020 et le 31/12/2022 pour les entreprises de travaux public, de production des substances minérales, solides, d'exploitation aéroportuaire ou de remontées mécaniques ;
- ***installations de stockage***, entre le 1/1/2020 et le 31/12/2022 pour les PME, au sens communautaire, de commerce de détail de gazole non routier.

CONDITIONS DE DÉDUCTIBILITÉ

- les amortissements doivent être ***comptabilisés*** ;
- le montant minimal d'amortissement est ***obligatoire*** ;
- les amortissements ne doivent pas être ***exagérés***, ni être ***irrégulièrement différés*** (c'est-à-dire < au montant minimal obligatoire).

Les dotations aux amortissements de certaines immobilisations sont exclues, totalement ou partiellement, du droit à déduction bien que comptabilisées, selon les règles énoncées (voir pages 18 et 19).

TRAITEMENT FISCAL DES DOTATIONS AUX AMORTISSEMENTS

	Entreprise soumise à l'IR	Société et EIRL soumis à l'IS
Dotations aux amortissements des véhicules de tourisme et de ceux homologués N1	**À réintégrer** Montant des amortissements calculé sur la fraction du prix d'achat TTC excédant : – 30 000 € pour les véhicules acquis à partir de 2017 dont taux de CO_2 < 20 g/km ; – 20 300 € pour les véhicules acquis à partir de 2017 dont taux de CO_2 ≥ 20 g/km et < 60 g/km ; – 18 300 € pour les véhicules acquis en 2018 dont taux de CO_2 ≥ 60 g/km et ≤ 150 g/km. Pour ceux acquis en 2019 dont taux de CO_2 ≤ 140 g/km, pour ceux acquis en 2020 dont taux de CO_2 ≤ 135 g/km et pour ceux acquis en 2021 dont taux de C02 < 130 g/km ; – 9 900 € pour les véhicules acquis en 2018 dont taux de CO_2 > 150 g/km. Pour les véhicules acquis en 2019 dont taux de CO_2 > 140 g/km, pour ceux acquis en 2020 dont taux de CO_2 > 135 g/km et pour ceux acquis en 2021 dont taux de C02 > 130 g/km.	
Dotations aux amortissements relatives à la régularisation des amortissements irrégulièrement différés	**À réintégrer**	
Suramortissement pour certaines catégories de biens	**À déduire** de manière extra-comptable, montant de la déduction égal à 40 % de la valeur d'origine, échelonné sur la durée d'utilisation du bien ou sur 12 mois, selon le cas	
Dotations aux amortissements des biens somptuaires	**À réintégrer**	
Dotations aux amortissements excédentaires sur composants de seconde catégorie	**À réintégrer**	
Dotations aux amortissements excédentaires résultant de la durée d'amortissement comptable plus courte que la durée d'usage fiscale	**À réintégrer** de manière extra-comptable	

8 DÉDUCTIBILITÉ DES CHARGES : DÉPRÉCIATIONS ET PROVISIONS

DÉFINITIONS

Dépréciations	Destinées à faire face à une perte de valeur non définitive mais durable (VA < VNC) d'un élément d'actif amortissable ou non amortissable (immobilisations, créances douteuses, stocks…)
Provisions	Destinées à couvrir des risques et des charges que des événements survenus ou en cours rendent probables (gros entretien ou grandes révisions, litiges, amendes et pénalités…)
Provisions réglementées	Régies par des textes fiscaux particuliers (hausse des prix, investissement, amortissements dérogatoires…)

ÉVALUATION DES DÉPRÉCIATIONS DES IMMOBILISATIONS CORPORELLES ET INCORPORELLES

Une immobilisation corporelle ou incorporelle est dépréciée si sa valeur actuelle (VA) est devenue notablement ***inférieure*** à sa valeur nette comptable (VNC).
La dépréciation est évaluée au moyen d'un ***test de dépréciation***.

Dépréciation = VNC – VA

Valeur actuelle (VA) : valeur la plus élevée de la valeur vénale ou de la valeur d'usage.

Valeur vénale (VV) : montant qui pourrait être obtenu, à la date de clôture, de la vente d'un actif lors d'une transaction conclue à des conditions normales de marché, net des coûts de sortie.

Valeur d'usage (VU) : valeur des avantages économiques futurs attendus de l'utilisation de l'actif et de sa sortie.
Elle est calculée à partir des estimations de ces avantages économiques futurs attendus. Dans la plupart des cas, la valeur d'usage est déterminée en fonction des flux nets de trésorerie attendus. Ces flux doivent être actualisés.

Les fonds commerciaux non amortis doivent faire l'objet d'un test de dépréciation ***au moins une fois par exercice***, qu'il existe ou non un indice de perte.

Valeur actuelle

Règle comptable	Règle fiscale	Conséquences fiscales
Si VV < VNC, la valeur retenue est la plus élevée entre la valeur vénale et la valeur d'usage	La valeur retenue est la valeur vénale brute (abstraction faite des coûts de sortie)	Seule la dépréciation calculée d'après la valeur vénale est déductible. La fraction de la dépréciation correspondant aux coûts nets de sortie est non déductible

Base de calcul de la dépréciation

Règle comptable	Règle fiscale	Conséquences fiscales
La base est égale à la VNC de l'immobilisation à déprécier	La base est égale à la valeur nette fiscale de l'immobilisation	Si VNC > Valeur nette fiscale, la déduction de la dépréciation est limitée à la différence entre la valeur nette fiscale et la valeur vénale brute

Dépréciation des immobilisations amortissables

Au niveau comptable, la constatation ou la reprise d'une dépréciation modifie de manière prospective la base d'amortissement.

Règle comptable	Règle fiscale	Conséquences fiscales
Transfert de la dépréciation en compte d'amortissements pour la différence entre la dotation calculée sur la nouvelle base amortissable et celle qui aurait été comptabilisée sans dépréciation.	La base amortissable ne peut être minorée du montant des dépréciations.	Le transfert de la dépréciation en compte d'amortissement permet de comptabiliser un amortissement déductible alors que la dépréciation ne l'est pas.

ÉVALUATION DES DÉPRÉCIATIONS DES AUTRES ACTIFS

	Calcul
Dépréciation des stocks et en-cours	Prix de revient net de réductions (commerciales, escompte) – Cours du jour à la date d'inventaire
Dépréciation des créances	Montant de la créance HT x Pourcentage de perte probable
Dépréciation des titres	***Titres de participation*** : Valeur d'origine – Valeur économique d'usage ***Titres de placement cotés*** : Valeur d'origine – Cours boursier moyen du dernier mois ***Titres de placement non cotés :*** Valeur d'origine – Valeur probable de négociation

ÉVALUATION DES PROVISIONS

	Calcul
Provision pour risques et charges	Montant de l'évaluation du risque ou de la charge d'après : devis, expert, estimation, statistique…
Provision pour hausse des prix	***Augmentation successive sur deux ans*** : $[PU_N - (1,10\ PU_{N-2})]$ x Quantité stockée à la clôture N – $Dotation_{N-1}$ ***Augmentation sur un an*** : $[PU_N - (1,10\ PU_N - 1)]$ x Quantité stockée à la clôture N
Provision pour amortissement dérogatoire	Annuité fiscale – Annuité économique

PU : Prix unitaire

CONDITIONS DE DÉDUCTIBILITÉ

- La dépréciation ou la provision doit être ***destinée*** à faire face à une perte ou à une charge déductible
- La perte ou la charge doit être nettement ***précisée*** quant à sa nature et à son montant
- La perte ou la charge doit être ***probable***
- La perte ou la charge doit ***résulter*** d'événements en cours à la clôture de l'exercice
- La perte ou la charge provisionnée doit être normalement ***déductible***
- Les dépréciations et les provisions doivent être ***comptabilisées et figurer*** sur les tableaux des dépréciations et des provisions à joindre à la déclaration des résultats

Les dépréciations et les provisions sont reprises et rapportées au résultat :

- lorsque la perte ou la charge concernée se réalise ***effectivement*** ;
- lorsqu'elles sont considérées comme devenues ***sans objet*** ;
- lorsqu'elles sont ***détournées*** de leur objet.

Toutefois, les dépréciations comptabilisées sur le fonds commercial ne sont jamais reprises. Elles sont donc définitives.

TRAITEMENT FISCAL

Dotation	=	Montant de la dépréciation ou de la provision à la clôture de l'exercice N	–	Montant de la dépréciation ou de la provision à la clôture de l'exercice N – 1

Traitement fiscal des dotations aux dépréciations

	Entreprise soumise à l'IR	Société et EIRL soumis à l'IS
Dotations pour dépréciation des immobilisations incorporelles et corporelles	**Déductibles** si la dépréciation est calculée sur la base de la valeur vénale avant déduction des coûts de sortie	
Dotations excédentaires pour dépréciation des actifs immobilisés par rapport à celles fiscalement admises	**À réintégrer**	
Dotations pour dépréciation des titres de participation	**À réintégrer** régime des MVLT	• Titres soumis au taux de 0 % : **À réintégrer** • Titres soumis au taux de 19 % : **À réintégrer** régime des MVLT • Titres soumis au taux normal : **Déductibles** avec plafonnement
Dotations pour dépréciation des autres titres	**À réintégrer** régime des MVLT	**Déductibles**
Dotations pour dépréciation des stocks	**Déductibles**	
Dotations pour dépréciation des créances douteuses	**Déductibles**	

Traitement fiscal des dotations aux provisions

	Entreprise soumise à l'IR	Société et EIRL soumis à l'IS
Dotations aux provisions pour amendes, pertes de change, complément de retraite, indemnités de départ à la retraite, de licenciement économique	**À réintégrer**	
Dotations aux provisions pour impôt non déductible	—	**À réintégrer**
Dotations aux provisions pour hausse des prix	**Déductibles** si les produits sont en stock à la clôture de l'exercice	
Dotations aux provisions pour amortissements dérogatoires	**Déductibles**	
Dotations aux provisions pour gros entretien et grandes révisions	**Déductibles**	

9 IMPOSITION DES PRODUITS ET DES STOCKS

PRINCIPES GÉNÉRAUX

Produits imposables au titre de l'exercice au cours duquel naît la créance :

Ventes de biens	Exercice au cours duquel intervient la livraison
Prestations de services et travaux (cas général)	Exercice au cours duquel intervient l'achèvement de la prestation
Prestations continues (loyers, intérêts)	Plusieurs exercices au fur et à mesure de l'exécution de la prestation
Prestations discontinues à échéances successives (contrats d'abonnement...)	
Travaux d'entreprise donnant lieu à réception	Exercice au cours duquel intervient la réception même provisoire

Les entreprises individuelles doivent déduire fiscalement les produits qui ne se rapportent pas à l'activité professionnelle.

TRAITEMENT FISCAL DES PRODUITS D'EXPLOITATION

	Entreprise soumise à l'IR	Société et EIRL soumis à l'IS
Ventes de biens et de prestations de services	**Imposables** pour le montant : PVHT – Réductions commerciales	
Production immobilisée	**Imposables**	
Subventions d'exploitation	**Imposables**	
Redevances sur brevets, licences d'exploitation inscrites à l'actif	**Imposables** selon le régime de droit commun pour le résultat net de la concession ou de la sous-concession **ou À déduire** pour le résultat net bénéficiaire de la concession ou de la sous-concession, si option pour le régime d'imposition au taux réduit de 10 %	
Reprises sur dépréciation d'éléments d'actif autres que les titres*	**Imposables**	
Reprises sur provisions pour complément de retraite, pour licenciement économique	**À déduire**	
Reprises sur provisions pour gros entretien et grandes révisions	**Imposables**	

(*) Rappelons que les dépréciations du fonds commercial sont irréversibles

TRAITEMENT FISCAL DES PRODUITS FINANCIERS

	Entreprise soumise à l'IR	Société et EIRL soumis à l'IS
Dividendes provenant des filiales	**À déduire** de manière extra-comp table car ils sont imposés dans la catégorie des RCM	• Option pour le régime spécial des sociétés-mères et filiales : **Déductibles**[1] sauf quote-part de frais et charges à réintégrer, évaluées à : Dividendes x 5 %[2] • Sans option pour ce régime : **Imposables**

(1) Sauf exclusions particulières de ce régime (2) Ou 1 % sous certaines conditions

	Entreprise soumise à l'IR	Société et EIRL soumis à l'IS
Dividendes provenant d'autres sociétés	**À déduire**	**Imposables**
Produits de titres à revenu fixe	**À déduire** car ils sont imposés dans la catégorie des RCM	**Imposables** sur l'exercice au cours duquel ils ont couru
Produits de créances	**Imposables** sur l'exercice au cours duquel ils ont couru	
Gains latents de change	**À réintégrer** de manière extra-comptable	
Gains de change	**Imposables**	
Reprises sur dépréciation des titres de participation	**À déduire** car régime des PVLT	• Titres soumis au taux de 0 % : **À déduire** • Titres soumis au taux de 19 % : **À déduire** car régime des PVLT • Titres soumis au taux normal : **Imposables**
Reprises sur dépréciation des autres titres	**À déduire** car régime des PVLT	**Imposables**
Reprises sur provisions pour perte de change	**À déduire**	

TRAITEMENT FISCAL DES PRODUITS EXCEPTIONNELS

	Entreprise soumise à l'IR	Société et EIRL soumis à l'IS
Quote-part de subvention d'équipement rapportée au résultat et finançant une immobilisation non amortissable	**Imposables** Par fractions égales : • soit sur les 10 exercices suivant celui de l'octroi de la subvention ; • soit sur la durée d'inaliénabilité prévue au contrat.	
Quote-part de subvention d'équipement rapportée au résultat et finançant une immobilisation amortissable	**Imposables** au rythme de l'amortissement de l'immobilisation : **Quote-part** = Dotations aux amortissements x Taxe de subvention	
Subventions d'équilibre	**Imposables**	
Indemnités d'assurances de dommages (sinistre, vol) ayant pour objet de compenser une augmentation de charges déductibles	**Imposables**	
Indemnités d'assurances perçues pour com penser la destruction totale ou le vol d'une immobilisation	**À déduire** car régime des PV et MV professionnelles	**Imposables**

	Entreprise soumise à l'IR	Société et EIRL soumis à l'IS
Reprises sur provisions pour hausse des prix six ans après sa constitution	**Imposables**	
Reprises sur provisions pour amendes et pénalités	**À déduire**	
Reprises sur provisions pour amortissements dérogatoires	**Imposables**	

TRAITEMENT FISCAL DES STOCKS

Définition

Stocks et productions constitués par l'***ensemble des biens ou des services qui appartiennent à l'entreprise***, à la date d'inventaire, et destinés à être ***vendus*** en l'état ou au terme d'un processus de ***production***, en procurant un bénéfice.

Inventaire des stocks

L'inventaire extra-comptable des stocks, au moins une fois tous les 12 mois, est une obligation (inventaire physique).

On distingue :

- stocks de marchandises, de matières premières, et d'approvisionnement (matières et fournitures consommables)
- stocks de produits en-cours
- stocks de produits intermédiaires, de produits finis, de produits résiduels
- stocks d'emballages perdus, d'emballages récupérables non identifiables

Règles d'évaluation

	Calcul
Stocks de marchandises, de matières premières et d'approvisionnement	**Coût d'achat** = Prix d'achat HT – Réductions commerciales et escomptes de règlement + Coûts directement attribuables à leur acquisition (sauf frais stockage)
Stocks de produits finis ou en-cours	**Coût de production** = Charges directes + Charges indirectes de production
Stocks de produits résiduels	Au cours du marché au jour de l'inventaire
Stocks d'emballages	Deux méthodes : – stock final théorique au coût d'achat ou de production : Stock initial + Achats – Ventes – stock final réel au coût d'achat ou de production : Stock en magasin + Emballages consignés – Emballages à rendre La différence éventuelle constitue les manquants (vol…).

10 RÉGIME DES PLUS OU MOINS VALUES PROFESSIONNELLES ET RÉGIME DES BREVETS ET DES ACTIFS ASSIMILÉS

CHAMP D'APPLICATION DES ± VALUES PROFESSIONNELLES

Le régime des plus ou moins-values (± values) professionnelles s'applique lorsqu'un élément de l'actif immobilisé sort de l'actif. Elles sont imposables au titre de l'exercice au cours duquel elles se réalisent.

Opérations concernées	• Charges ou produits exceptionnels constatés lors de la sortie d'immobilisations incorporelles et corporelles • Opérations sur les titres • Indemnisation de sinistres ou d'expropriation	
Événements concernés	**Événements volontaires**	**Événements involontaires**
Entreprises concernées	• Cession, cessation • Échange • Apport en société • Partage, donation…	• Vol • Destruction par sinistre • Expropriation…
	Entreprises relevant de l'IR dans les catégories des BIC, BNC, BA ***Sociétés soumises à l'IS et EIRL***, mais champ d'application limité aux titres de participation, aux titres à risque	

Les gains nets issus du rachat par une société de ses propres titres est soumis au régime des plus ou moins values professionnelles.

EXONÉRATIONS

Il existe 3 régimes d'exonération des plus-values :

En faveur des petites entreprises qui relèvent de l'IR	• Activité exercée par l'entreprise pendant au moins 5 ans • Exonération partielle ou totale en fonction de certains seuils de recettes
En cas de transmission à titre gratuit ou onéreux d'entreprise, d'une branche d'activité ou de l'ensemble des parts détenues dans une société de personnes	• L'entreprise est une PME • Activité exercée par l'entreprise pendant au moins 5 ans • Exonération partielle ou totale en fonction de certains seuils de la valeur des éléments transmis • Sont exclues de ce régime les PV réalisées sur les actifs immobiliers
Lors du départ à la retraite en cas de cession à titre onéreux de l'ensemble de l'entreprise	• L'entreprise est une PME (entreprise individuelle ou société de personnes relevant de l'IR) • Activité professionnelle exercée par le cédant pendant au moins 5 ans • Exonération totale sauf pour les prélèvements sociaux

ABATTEMENT POUR DURÉE DE DÉTENTION

Réservé aux entreprises soumises à l'IR, il s'applique à l'ensemble des biens immobiliers (hors terrains à bâtir) affectés à l'exploitation. Il est égal à 10 % par année de détention au-delà de la cinquième sur les plus-values réalisées.

CALCUL DES ± VALUES PROFESSIONNELLES

Fiscalement, la ± value calculée pour chaque élément est égale à :

Prix de cession – Valeur nette fiscale

Valeur nette fiscale	
Immobilisations non amortissables	**Immobilisations amortissables**
Valeur d'origine (VO)	Valeur d'origine ± Régularisation de TVA – Amortissements déduits fiscalement

QUALIFICATION FISCALE DES ± VALUES PROFESSIONNELLES

On distingue
- les ± values à long terme (PVLT et MVLT) ;
- les ± values à court terme (PVCT et MVCT).

En fonction de 2 critères : durée de détention, bien amortissable ou non.

Entreprise relevant de l'IR

Nature des biens	Durée de détention			
	Moins de 2 ans		Égale ou supérieure à 2 ans	
	Plus-value	Moins-value	Plus-value	Moins-value
Biens amortissables	CT	CT	CT dans la limite des amortissements LT au-delà	CT
Biens non amortissables	CT	CT	LT	LT

Société et EIRL soumis à l'IS

Les ± values de cession des immobilisations incorporelles ou corporelles sont, en principe, toutes réputées à CT et soumises au taux normal.

Sont qualifiées de long terme les plus ou moins-values réalisées sur :
- les cessions de certains titres de participation et de certains titres à risques ;
- les dotations et reprises de dépréciation de ces titres.

Par ailleurs, les cessions des titres de placement et des titres de participation de sociétés à prépondérance immobilière (SPI) non cotées relèvent du régime de droit commun.

RÉGIME D'IMPOSITION DES ± VALUES PROFESSIONNELLES

Les ± values de même nature (LT ou CT) doivent être compensées pour dégager :

soit
- une ± value nette à CT
- une ± value nette à LT

± values nettes	Correction fiscale		Régime fiscal	
	IR	IS	IR	IS
MVNCT	Aucune		Régime de droit commun	
PVNCT	Sans option d'étalement : aucune	Aucune	Régime de droit commun	
PVNCT	Avec option d'étalement sur 3 ans : 2/3 de la PVNCT à déduire puis à réintégrer par 1/3 sur les exercices suivants	Aucune	Régime de droit commun par 1/3 sur 3 ans	Régime de droit commun
MVNLT	À réintégrer		MVNLT imputées sur PVNLT réalisées au cours des 10 exercices suivants.	Régimes particuliers (voir ci-dessous)
PVNLT	À déduire		Taux réduit de 12,8 % plus 17,2 % de prélèvements sociaux	Régimes particuliers (voir ci-dessous)

RÉGIMES PARTICULIERS D'IMPOSITION DES ± VALUES PROFESSIONNELLES

Titres

Ce régime concerne les cessions et les dépréciations de titres.

	Entreprise soumise à l'IR	Société et EIRL soumis à l'IS
Nature des titres cédés soumis au régime des ± values	Titres faisant partie de l'actif immobilisé d'un point de vue fiscal : – titres en portefeuille depuis au moins 2 ans ; – titres en portefeuille depuis moins de 2 ans, si titres de même nature détenus depuis au moins 2 ans.	• Titres de participation : – 1re catégorie : titres comptabilisés en titres de participation, ceux ouvrant droit au régime des sociétés-mères, actions acquises en exécution d'une OPA ou OPE, – 2e catégorie : titres à prépondérence immobilière cotés ; • Titres d'entités à risques détenus depuis au moins 5 ans.
VO des titres cédés	En principe, évaluation d'après la méthode *Premier entrée, Premier sorti* (PEPS). Pour les titres de participation, tolérance pour la méthode CUMP sauf si augmentation des MVCT.	
Régime fiscal des ± values de cession	• Titres acquis depuis moins de 2 ans : ± value à court terme • Titres acquis depuis plus de 2 ans : ± value à long terme	• Titres acquis depuis moins de 2 ans : ± value à CT (régime de droit commun) ; • Titres acquis depuis plus de 2 ans : ± value à LT imposée au taux de : – 0 % (sauf une quote-part de frais et charges de 12 % imposée au taux normal) pour les titres de participation de la 1re catégorie, – 19 % pour les titres de participation de SPI cotées et 15 % pour certaines parts ou actions de FCPR ou de SCR détenue
Régime fiscal des dépréciations	• Les dotations sont des MVLT • Les reprises sont des PVLT	Dépréciations des titres imposés aux taux réduits ci-dessus : – les dotations sont des MVLT, – les reprises sont des PVLT.

Indemnités d'assurances ou d'expropriation (IR ou IS)

Événements concernés	Perception d'une indemnité d'assurance ou d'expropriation sur des biens amortissables	
Régime fiscal	PVNCT : étalement sur option de l'imposition à partir de l'exercice suivant pour une durée égale à celle de l'amortissement pratiqué, plafonnée à 15 ans. Montant de l'étalement plafonné à la PVNCT globale de l'exercice	
	PVNLT : paiement de l'imposition avec différé de 2 ans sur option	Constitution d'une provision pour impôt, non déductible

RÉGIME OPTIONNEL DES BREVETS ET DES ACTIFS ASSIMILÉS (IR OU IS)

Actifs concernés	Brevets, inventions dont la brevetabilité est certifiée par l'INPI, procédés de fabrication industriels, certificats d'obtention végétale, logiciels protégés par le droit d'auteur.
Événements concernés	Résultat net bénéficiaire de cession de concession ou de sousconcession. Les redevances versées par le sous-concédant au concedant sont imputées sur le résultat net de la sous-concession.
Régime fiscal	Le régime optionnel consiste à déduire du résultat bénéficiaire de cession, de concession ou de sous-concession les dépenses de recherche et de développement imputables à l'actif puis à calculer le ratio *nexus* et à l'appliquer au résultat net. Le résultat net obtenu est taxé au taux réduit de 10 %.
Conditions	• Droits de propriété représentant des éléments de l'actif immobilisé. • Délai de détention des droits acquis à titre onéreux : 2 ans au moins. • Aucun lien de dépendance entre le cédant et le cessionnaire.

11 IS : CALCUL ET PAIEMENT

IMPÔT SUR LES BÉNÉFICES

Calcul de l'impôt brut

	Taux	Base de calcul
Impôt au taux normal légal	27,5 % ou 26,5 %	Bénéfice fiscal (BF)
+ Impôt au taux réduit PME	15 %	BF dans la limite de 38 120 €
+ Impôt aux taux réduits	19 ou 15 %	Plus-values nettes à long terme
	10 %	Résultats net bénéficiaires des brevets et actifs assimilés
= Impôt de référence		
+ Contribution sociale	3,30 %	Impôt de référence – 763 000 €
= Impôt brut		

Exonération de la contribution sociale

Sont exonérées de la contribution sociale, les PME :

- dont le montant de l'IS proprement dit est < 763 000 € ;
- dont le CAHT est < 7 630 000 € ;
- dont le capital est entièrement libéré, détenu de manière continue pendant l'exercice concerné, pour 75 % au moins, par des personnes physiques ou des sociétés satisfaisant les mêmes conditions dont le capital est détenu pour 75 % au moins par des personnes physiques.

En principe, les PME exonérées de la contribution sociale remplissent les conditions pour ***bénéficier du taux réduit d'IS de 15 %.***

Taux d'IS pour les exercices ouverts depuis le 01/01/2021

Il est prévu une baisse progressive du taux normal d'IS à 25 % pour l'ensemble des entreprises en 2022, d'après un calendrier.
Pour les exercices ouverts en 2021, les taux d'IS sont les suivants selon que l'entreprise bénéficie ou non du taux d'IS de 15 % :

Entreprises	Taux d'IS et tranches de bénéfice fiscal
PME bénéficiant du taux d'IS de 15 %	• 15 % jusqu'à 38 120 € • 26,5 % au-delà de 38 120 €
Autres entreprises	• 26,5 % si CA < 250 M€ • 27,5 % au-delà de 500 000 € si CA ≥ 250 M€

PAIEMENT DE L'IS ET DE LA CONTRIBUTION SOCIALE

Acomptes

Paiement des acomptes IS et CSB	4 acomptes versés à date fixe	1er acompte : 15 mars 2e acompte : 15 juin 3e acompte : 15 septembre 4e acompte : 15 décembre
Modalités de calcul des acomptes	4 acomptes égaux au montant de l'IS calculé de la manière suivante : Impôt au taux de 27,5 % ou de 26,5 % + Impôt au taux de 15 % des PME (le cas échéant) + Impôt au taux de 10 % relatif au résultat net bénéficiaire des cessions, des concessions et sous-concessions de licences d'exploitation des brevets et actifs assimilés Chaque acompte est égal au quart de cet impôt dû	
Modalités de calcul de la CSB	Calculés, en principe, sur l'impôt de référence de l'exercice précédent diminué de l'abattement de 763 000 € Chaque acompte est égal à 0,825 % de la base de référence	

La base de calcul diffère pour les deux premiers acomptes de l'IS :

- ***1er acompte*** : provisoirement calculé sur la base du bénéfice fiscal N – 2 car le résultat fiscal N – 1 n'est pas connu ;
- ***2e acompte*** : après régularisation égal à :

(2/4 de l'impôt dû sur le bénéfice fiscal N – 1) – 1er acompte

Les sociétés dont le CA est au moins égal à 250 M€ ***doivent majorer*** leur dernier acompte d'IS ; il est modulé en fonction du montant du CA réalisé lors de l'exercice précédent.

Les acomptes d'IS et de la contribution sociale ne sont pas exigibles lorsque :

- l'exercice de référence est déficitaire ;
- l'IS est inférieur à 3 000 € ;
- la contribution est inférieure à 15 €.

Liquidation du solde d'IS et de la contribution sociale

L'IS et la contribution sociale de l'exercice N sont liquidés au plus tard le 15 du quatrième mois qui suit la clôture de l'exercice.
Les versements sont accompagnés d'un relevé de solde (imprimé 2572).

Solde IS	IS N – Somme des 4 acomptes versés en N
Solde CSB	Contribution N – Somme des 4 acomptes versés en N

Pour les entreprises qui clôturent leur exercice le 31/12, le paiement a lieu le 15/5/N + 1. Pour les autres entreprises, il a lieu le 15 du quatrième mois qui suit la clôture de l'exercice.

Modalités de paiement

Le ***télérèglement est obligatoire*** pour toutes les entreprises soumises à l'IS sans condition de seuil.

CRÉDITS D'IMPÔTS DES ENTREPRISES

Les crédits d'impôts des entreprises sont ***imputés sur l'IS dû, hors contributions liées à l'IS*** ; l'excédent est le plus souvent remboursable.

Les principaux sont :

- Crédit d'impôt recherche (CIR)
- Crédit d'impôt cinéma
- Crédit d'impôt formation des dirigeants

12 DÉFICITS FISCAUX

REPORT DES DÉFICITS

C'est une perte fiscale qui peut être reportée sur des exercices bénéficiaires ultérieurs ou sur l'exercice bénéficiaire précédent selon le régime fiscal des entreprises.

REPORT EN AVANT DES DÉFICITS

Sociétés et EIRL soumis à l'impôt sur les sociétés

Le déficit constaté au titre d'un exercice peut être ***reporté*** sur les résultats des exercices suivants de façon ***illimitée*** dans le temps.
Toutefois, l'imputation de déficits antérieurs sur le bénéfice constaté au titre d'un exercice est limitée à un plafond égal à 1 M€ majoré de 50 % du montant du bénéfice imposable de l'exercice excédant 1M€.

> Plafond de déficit imputable = 1 000 000 + [50 % (B – 1 000 000)]

B = Bénéfice fiscal N + 1 avant imputation des reports déficitaires

La fraction des déficits non imputée est imputable sur les exercices suivants, sans limitation de délai et en respectant les mêmes règles de plafonnement.

Associés de sociétés relevant de l'impôt sur le revenu

Les déficits professionnels constatés sont ***imputables en totalité*** sur le revenu global des associés à l'impôt sur le revenu.

Traitement fiscal

Il dépend du régime fiscal de l'entreprise :

Revenus	Traitement du déficit
BIC	Le déficit professionnel s'impute sans limitation sur le revenu brut global, sauf pour les activités de location meublée non professionnelle. Si le déficit est supérieur au revenu brut global, l'excédent de déficit est reporté sur le revenu global brut des années suivantes jusqu'à la sixième année incluse. Le déficit non professionnel n'est pas imputable sur le revenu global. Il peut seulement être reporté sur les bénéfices tirés d'activités de même nature durant la même année ou les six années suivantes.
BNC	Les déficits non commerciaux libéraux s'imputent sans limitation particulière sur le revenu brut global. Si le déficit est supérieur au revenu brut global, l'excédent de déficit est reporté sur le revenu global brut des années suivantes jusqu'à la sixième année incluse. Les déficits non commerciaux non libéraux ne sont pas imputables sur le revenu global. Ils peuvent seulement être reportés sur les bénéfices tirés d'activités de même nature durant la même année ou les six années suivantes.
BA	Les déficits éventuels s'imputent sur le revenu global, sauf lorsque les revenus d'autres sources excèdent un seuil de 111 752 €. Dans ce cas, le déficit peut être déduit des bénéfices agricoles des années suivantes jusqu'à la sixième année.
IS	Le déficit est déductible des résultats fiscaux bénéficiaires des exercices suivants dans le respect, le cas échéant, de la règle du plafonnement.

REPORT EN ARRIÈRE DES DÉFICITS

Principe

Seules les entreprises soumises à ***l'IS*** peuvent opter pour ce régime.
Le déficit fiscal d'un exercice est imputé, d'une part sur le seul bénéfice de l'exercice précédent imposé au taux normal ou au taux réduit des PME, dans la limite de la fraction non distribuée du bénéfice et d'autre part pour un montant plafonné à 1 M€.
La fraction des déficits non imputée en arrière est reportable sur les exercices suivants de façon illimitée dans le temps.
L'option pour le report en arrière doit être effectuée au moment du dépôt de la déclaration de résultat au titre de laquelle le déficit est constaté.

Créances sur l'État

La créance est égale à l'impôt payé au titre du bénéfice d'imputation. Elle correspond à l'excédent d'impôt payé antérieurement. Le produit né de la créance n'est pas imposable et doit être déduit de manière extra-comptable. La créance peut être utilisée pour payer l'IS pendant les 5 exercices suivants ; au-delà, la créance non utilisée est remboursée.

14

Revenus du travail (TS) et revenus mixtes (BIC, BNC, BA, DIR)

Traitements, salaires, indemnités, émoluments, pensions et rentes viagères (TS)

Traitements et salaires	Rémunération perçue en fonction ***d'un statut ou au terme d'un contrat de travail***. Les salaires englobent non seulement le salaire proprement dit, mais aussi tous les avantages et les sommes accessoires versés (congés payés...).
Pensions, retraites et rentes viagères	***Revenu périodique perçu*** au titre des retraites, des pensions d'invalidité et des pensions alimentaires ***Revenu périodique provenant*** d'un acte à titre gratuit (pension alimentaire), d'un acte à titre onéreux (rente en contrepartie d'une vente) ou d'un jugement (rente accident du travail)

REVENUS IMPOSABLES

Revenus	Base d'imposition
Traitements et salaires	• Total des salaires nets imposables* de l'année civile de référence (Salaire net après cotisations + CSG non déductible + CRDS) et avantages en nature • Indemnités journalières de Sécurité sociale • Allocations de chômage, de maternité
Pensions, retraites et rentes viagères	• Total des pensions et rentes viagères à titre gratuit • Rentes viagères à titre onéreux : imposables sur une fraction de leur montant (en fonction de l'âge du crédirentier)

* Les cotisations patronales de prévoyance complémentaire santé ne sont pas déductibles

Le montant imposable des pensions alimentaires (sur décision de justice définitive avant le 1/1/2006) et celui des rentes à titre gratuit sont majorés de 1,25.
Les pensions de retraite payées en capital et issues de PER constitués avant le 1/10/2019 peuvent faire l'objet d'un prélèvement libératoire de 7,5 %.

PRINCIPAUX REVENUS EXONÉRÉS

Revenus	Éléments bénéficiant de l'exonération
Traitements et salaires	• Prime exceptionnelle de pouvoir d'achat dans la limite de 1 000 € (ou 2 000 € si accord d'intéressement) et si rémunération en 2020 < 3fois le SMIC annuel. Le dispositif est supprimé en 2021. • Salaires des apprentis, dans la limite du SMIC annuel • Gratification de stage obligatoire, dans la limite du SMIC annuel • Salaires versés aux jeunes de moins de 26 ans pour une activité exercée pendant leurs congés scolaires ou universitaires : dans la limite de 3 fois le montant mensuel du SMIC • Remboursement de frais (dépenses liées à la profession) • Indemnités journalières d'accidents du travail, de maladies professionnelles pour 50 % de leur montant • Sommes reçues au titre de la participation des salariés, lorsqu'elles sont restées bloquées pendant 5 ans, dans la limité de 30 852 € • Sommes reçues au titre de l'intéressement et affectées à un plan d'épargne d'entreprise, dans la limite de 30 852 € • Revenu de solidarité active (RSA) • Prime d'activité perçue en 2020
Pensions, retraites et rentes viagères	• Allocations aux vieux travailleurs • Retraites du combattant • Rentes viagères perçues pour dommages-intérêts • Prestations allouées au titre de l'aide sociale

Les heures supplémentaires et complémentaires réalisées en 2020 sont exonérées d'IR dans la limite annuelle de 5 000 €. La 2e loi de finances rectificative pour 2020 a porté cette limite à 7 500 € lorsque les heures ont été réalisées entre le 16 mars et le 10 juillet 2020. Autrement dit, durant cette période la limite est de 7 500 €, sans que le montant des heures de travail hors de la période ne puisse dépasser 5 000 €.

DÉTERMINATION DU REVENU NET IMPOSABLE

Régime général

- traitements et salaires : abattement de 10 % sur les salaires nets imposables (minimum 442 € ; maximum 12 652 € pour chaque personne salariée du foyer fiscal) ;
- pensions et rentes viagères : abattement de 10 % (plafonné à 3 858 € avec un minimum de 394 €).

Sur option : régime des frais réels réservé aux salaires

Ce régime entraîne la réintégration de certains remboursements de frais et l'obligation de conserver l'ensemble des justificatifs.

Catégories de frais réels généralement admis	
Transport	Frais de transport du domicile au lieu de travail (distance ≤ 40 km)
Repas	En cas d'éloignement du domicile, les frais de repas personnels peuvent être déduits dans certaines limites
Voiture	Frais résultant de l'utilisation professionnelle de son véhicule : déduction soit pour leur montant réel, soit en utilisant le barème kilométrique établi annuellement par l'Administration (barème différencié pour véhicules électriques). Dans les deux cas, le montant des frais déductibles est plafonné au montant des frais d'un véhicule d'une puissance de 7 CV en application du barème kilométrique
Frais divers	Tels que : taxis, hôtels, invitations au restaurant, vêtements en rapport avec l'exercice de la profession, séjours à l'étranger…
Bureau	Frais liés au domicile : déduction partielle (chauffage, électricité…) Acquisition de mobilier, de matériel : déduction si < 500 € HT ; dans le cas contraire, application de l'amortissement linéaire

Bénéfices industriels et commerciaux (BIC)

PERSONNES IMPOSABLES

Personnes physiques

- ***exerçant*** une activité commerciale, industrielle ou artisanale, sous la forme d'une entreprise individuelle ou en tant qu'associés d'une société dite de personnes ;
- ***donnant en location*** un établissement commercial ou industriel muni du mobilier ou du matériel nécessaire à son exploitation ;
- ***louant ou sous-louant*** des locaux meublés ;
- ***membres de copropriétés*** de navire, de cheval de course…

DÉTERMINATION DU REVENU IMPOSABLE

Régime du réel normal ou simplifié	Bénéfice net imposable déterminé selon les règles fiscales propres aux charges et aux produits étudiés (cf. p. 15 à 30)
Microentreprises*	Bénéfice net déterminé par l'Administration. Elle applique au chiffre d'affaires déclaré un abattement forfaitaire fixé : – à 71 % pour le CA correspondant à l'activité de ventes ; – à 50 % pour l'activité de prestations de services ou de loueur en meublé ; – avec un abattement minimum de 305 €.

* Option possible pour un versement libératoire de l'IR. Régime ouvert aux EURL dont l'associé unique, personne physique, est gérant. Régime maintenu en cas d'assujettissement à la TVA

Le déficit éventuel s'impute en principe sur le revenu global, sauf pour les activités de location meublée non professionnelle.

ALLÉGEMENTS OU EXONÉRATIONS

Entreprises bénéficiant, sous certaines conditions, d'allégements ou d'exonérations d'impôt sur les bénéfices : entreprises nouvelles ou implantées dans certaines zones du territoire (ZRR…) ; jeunes entreprises innovantes (JEI)…

Bénéfices des professions non commerciales et revenus assimilés (BNC)

PERSONNES IMPOSABLES

Trois catégories de contribuables :

- membres des professions libérales (vétérinaires, experts-comptables…) ;
- titulaires de charges et offices (notaires, greffiers…) ;
- personnes exerçant une activité ou disposant d'une source de profit ne relevant d'aucune autre catégorie (agents commerciaux, inventeurs…).

DÉTERMINATION DU REVENU IMPOSABLE

Régime	Base d'imposition
Régime micro*	Régime de déclaration et d'imposition simplifiée si recettes brutes annuelles HT < 72 600 € Abattement forfaitaire de 34 %, avec un minimum de 305 € Option possible pour le versement libératoire de l'IR
Régime déclaration contrôlée	Recettes brutes annuelles HT ≥ 72 600 € **Bénéfice imposable** = Recettes totales – Dépenses professionnelles payées Option possible pour la comptabilisation des créances acquises et des dépenses engagées

* Régime ouvert aux EURL dont l'associé unique, personne physique, est gérant. Régime maintenu en cas d'assujettissement à la TVA

Le déficit éventuel s'impute en principe sur le revenu global.

Bénéfices de l'exploitation agricole (BA)

PERSONNES IMPOSABLES

Les personnes sont imposables à raison :

- ***de leur résultat*** : exploitant individuel (metayage, fermage…) ;
- ***de leur quote-part de résultat*** : issue du métayage, de sociétés ou de groupements non passibles de l'IS.

REVENUS IMPOSABLES

Bénéfice tiré des activités
• Culture et élevage de tous types d'animaux (abeilles, volailles, poissons…) • Revenus tirés de la vente d'herbe sur pied ou de saillies • Production forestière : revenus des bois (oseraies, bois industriels…) • Exploitation de champignonnières et de marais salants • Activités de cultures marines • Transformation de produits destinés à l'alimentation humaine ou animale • Recherche et obtention de nouvelles variétés végétales • Activités de préparation et d'entraînement des équidés (sauf spectacle) • Revenus tirés de la vente de biomasse et de la production d'énergie

Les recettes accessoires relevant des BIC ou des BNC peuvent être prises en compte pour la détermination du BA, lorsque la moyenne de ces recettes des 3 années civiles précédant la date d'ouverture de l'exercice considéré n'excède pas 50 % de la moyenne de recettes de l'activité agricole, ni 100 000 €.

RÉGIMES ET DÉTERMINATION DU REVENU IMPOSABLE

Régime	Base d'imposition
Micro-BA* : revenu < 85 800 € HT	Moyenne des recettes de l'année et des 2 années précédentes, diminuée d'un abattement de 87 %, avec un minimum de 305 €.

* Régime ouvert aux EARL dont l'associé unique, personne physique, est gérant

Régime	Base d'imposition
Régime réel simplifié : Moyenne des recettes sur 3 années comprise entre 85 800 € HT et 365 000 € HT	Bénéfice déterminé selon les mêmes règles que pour le régime normal, sous réserve de simplification (règles particulières pour l'évaluation des stocks…).
Régime réel normal : Moyenne des recettes sur 3 années > 365 000 € HT	Bénéfice déterminé selon les règles applicables aux BIC. Déduction de l'épargne de précaution (DEP) mise en place pour les exercices clos depuis le 1/1/2019. Le plafond annuel de déduction est proportionnel au bénéfice réalisé.

Le déficit éventuel n'est pas déductible du revenu global lorsque le total des autres revenus dépasse 111 752 €.

Rémunérations de certains dirigeants de sociétés - art. 62 du CGI (DIR)

Régime d'imposition des rémunérations allouées aux dirigeants		
Entreprises	**Personnes physiques bénéficiaires**	**Catégorie d'imposition**
Entreprise individuelle	Exploitant	BIC, BNC, BA suivant l'activité
SNC n'ayant pas opté pour l'IS	Associés et gérants	BIC, BNC, BA suivant l'activité
SNC ayant opté pour l'IS	Associés et gérants	art. 62 du CGI
SCS n'ayant pas opté pour l'IS	Gérants commandités	BIC, BNC, BA suivant l'activité
SCS ayant opté pour l'IS	Gérants commandités	art. 62 du CGI
EURL n'ayant pas opté pour l'IS	Gérant	BIC, BNC, BA suivant l'activité
EURL et EIRL ayant opté pour l'IS	Gérant ou exploitant	art. 62 du CGI
SARL	Gérants majoritaires Gérants minoritaires	art. 62 du CGI TS
SA et SAS	Président du conseil d'administration, directeur général, directeurs délégués et membres du directoire : – Rémunérations – Jetons de présence spéciaux Membres du conseil d'administration ou du conseil de surveillance (jetons de présence) Membres du conseil de surveillance (rémunération)	TS TS RCM BNC
SCA	Gérants commandités Gérants non associés Membres du conseil de surveillance (rémunération)	art. 62 du CGI TS BNC

Les rémunérations effectivement perçues dans l'année d'imposition suivent les mêmes règles que celles appliquées pour la catégorie TS. Toutefois, le PAS est effectué par prélèvements d'acomptes.

Majoration du bénéfice (BIC, BNC, BA)

Pour les BIC ou BA soumis à un régime réel d'imposition et pour les BNC soumis au régime de la déclaration contrôlée sans adhésion à un CGA ou à une AGA ou sans visa fiscal, le bénéfice imposable est majoré. La loi de finances pour 2021 réduit cette majoration chaque année jusqu'à sa suppression totale (pour les revenus de 2020, la majoration passe à 20 % au lieu de 25 %).

15

Revenus du capital (RF, RCM, PV)

Revenus fonciers (RF)

Produits qui proviennent de la ***location*** nue des propriétés foncières.

REVENUS IMPOSABLES ET REVENUS EXONÉRÉS

Produits perçus imposables au titre des revenus fonciers
• Des propriétés bâties (maisons, appartements, bureaux…) • Des propriétés non bâties de toute nature (terrains, étangs…) • Des parts de sociétés immobilières non passibles de l'IS • Des locations immobilières accessoires (droit d'affichage, droit de pêche…) • Des baux à construction

RÉGIMES ET DÉTERMINATION DU REVENU IMPOSABLE

Régime microfoncier	Revenus bruts annuels < 15 000 €, option possible pour le réel Abattement forfaitaire de 30 % sur les revenus déclarés
Régime réel	Revenus bruts annuels > 15 000 € (sauf option) **Revenus bruts encaissés** (loyers, subventions, pas de porte…) – **Déductions de 10 à 60 % des revenus fonciers** (logements conventionnés, dans le cas de mobilité professionnelle…) – Frais déductibles (dépenses d'entretien et/ou d'amélioration, primes d'assurance, frais de gestion courante 20 € par local, salaire des gardiens…) **= Revenu net catégoriel imposable au titre de l'IR**

Certains ***dispositifs spéciaux*** permettent aux propriétaires de ***déduire un amortissement*** de leur revenu foncier (Denormandie, Robien, Borloo).
En principe, ***le déficit foncier est imputé*** sur les revenus fonciers des ***10 années*** suivantes. Toutefois, la fraction du déficit résultant des charges, autres que les intérêts d'emprunts, est imputable sur le revenu global dans la limite de 10 700 € par an.
À l'IR proprement dit s'ajoutent les prélèvements sociaux au taux de 17,2 %.
L'impôt dû sur les RF de 2021 et les prélèvements sociaux y afférent font l'objet d'acomptes calculés par l'administration fiscale et payés par prélèvements.

Revenus des valeurs et capitaux mobiliers (RCM)

REVENUS IMPOSABLES ET REVENUS EXONÉRÉS

Placements à revenu variable	***Dividendes*** des actions et parts sociales de sociétés soumises à l'IS ***Revenus*** réputés distribués par ces sociétés (jetons de présence ordinaires, intérêts des comptes courants non déductibles…)
Placements à revenu fixe	***Intérêts et/ou produits*** d'obligations et de titres d'emprunts négociables ; des créances, des dépôts… ; des bons de caisse, des billets de trésorerie… ; des comptes courants si intérêts déductibles

Les principaux revenus exonérés, sous certaines conditions, sont :

- les intérêts des livrets A des établissements bancaires, des livrets d'épargne populaire, des livrets jeunes, les intérêts et primes versés aux titulaires de CEL et PEL ouverts avant le 1/1/2018 (sauf pour les plans détenus depuis plus de 12 ans), les intérêts des livrets d'épargne-entreprise pour les livrets ouverts jusqu'au 31/12/2013…
- les produits d'un PEP si retrait après 8 ans, les produits fiscaux perçus dans le cadre d'un PEA ou d'un PEA-PME si retrait après 5 ans.

IMPOSITION DES RCM

Les RCM perçus sont, en principe, soumis au prélèvement forfaitaire unique (PFU) de 12,8 % augmenté des prélèvements sociaux de 17,2 % (CGS non déductible), sauf option globale pour le barème de l'IR.

En outre, les RCM font l'objet d'un prélèvement forfaitaire obligatoire (PFO), non libératoire de l'IR, opéré à titre d'acompte et à la source dont le taux est également de 12,8 %. Il sera imputé sur l'imposition définitive en N + 1.

L'option pour l'imposition au ***barème de l'IR*** permet :

- d'appliquer un abattement de 40 % sur le montant brut des dividendes ;
- de déduire des dépenses d'acquisition ou de conservation ;
- de déduire une fraction de la CSG de 6,8 points.

Les prélèvements sociaux calculés sur le montant brut des revenus sont prélevés à la source au taux de 17,2 % en même temps que le PFO.

Imposition des produits de placement à revenu variable

En N	***Prélèvement forfaitaire obligatoire de 12,8 %*** (sauf dispense) sur les revenus distribués (Dividendes + Autres revenus distribués). ***Contribuable dispensé*** sur sa demande : – personne seule dont le RFR de l'avant-dernière année est < 50 000 € – couple dont le RFR de l'avant-dernière année est < 75 000 € ***Prélèvements sociaux*** de 17,2 %. ***CSG*** non déductible.
En N + 1	***Imposition forfaitaire définitive de 12,8 %*** lors de la déclaration ***Imputation du PFO de 12,8 %*** sous la forme d'un crédit d'impôt

Imposition des produits de placement à revenu fixe

En N	***Prélèvement forfaitaire obligatoire de 12,8 %*** (sauf dispense) sur les intérêts et revenus assimilés. ***Contribuable dispensé*** sur sa demande : – personne seule dont le RFR de l'avant-dernière année est < 25 000 € – couple dont le RFR de l'avant-dernière année est < 50 000 € ***Prélèvements sociaux*** de 17,2 %. ***CSG*** non déductible.
En N + 1	***Imposition forfaitaire définitive de 12,8 %*** lors de la déclaration ***Imputation du PFO de 12,8 %*** sous la forme d'un crédit d'impôt

Plus-values des particuliers (PV)

PLUS-VALUES IMMOBILIÈRES

Éléments imposables	PV sur cessions d'immeubles bâtis, d'immeubles non bâtis, de droits immobiliers (usufruit…) et de titres de sociétés à prépondérance immobilière non soumises à l'IS

Sont exonérées au titre de l'IR, sous certaines conditions, les cessions de la résidence principale, d'immeubles possédés depuis plus de 22 ans, de biens immobiliers dont le montant est ≤ 15 000 € par opération et la première cession d'un logement autre que la résidence principale ; les PV résultant d'une expropriation et celles réalisées par les retraités ou les invalides non imposables à l'IR.

Base d'imposition

Prix de cession net des frais liés à la vente	–	Prix d'achat Frais d'acquisition (ou majoration forfaitaire de 7,5 %) Frais d'acquisition à titre gratuit Dépenses de travaux (ou forfait de 15 % du prix d'acquisition pour les immeubles bâtis détenus depuis plus de 5 ans)	=	**PV brute réalisée**

Abattement pour durée de détention : pour les cessions réalisées et quelle que soit la nature des biens cédés (terrains à bâtir ou autres biens immobiliers et droits), un abattement est pratiqué à partir de la 6e année de détention, il aboutit à une exonération d'IR au-delà de 22 ans et à celle des prélèvements sociaux (PS) au-delà de 30 ans, soit :

Pour l'IR	▶	6 % par an entre 6 et 21 ans 4 % au terme de la 22e année	**Pour les PS**	▶	1,65 % par an entre 6 et 21 ans 1,60 % pour la 22e année 9 % au-delà de la 22e année

Imposition

Les PV sont imposées au ***taux forfaitaire de 19 %*** majoré des prélèvements sociaux de 17,2 %. S'ajoute ***une surtaxe progressive de 2 % à 6 %***, avec un lissage des effets de seuil, si les PV (hors terrains à bâtir) sont > 50 000 € après l'abattement pour durée de détention spécifique au calcul de l'IR.

PLUS-VALUES SUR BIENS MEUBLES

Éléments imposables	PV sur les cessions à titre onéreux de biens meubles (bateaux…) sauf : les meubles meublants, les appareils ménagers, les automobiles et les biens possédés depuis plus de 22 ans

Base d'imposition

Plus-Value = Prix de cession – (Prix d'achat + Frais d'acquisition et de restauration)

Les PV réalisées font l'objet d'un abattement de 5 % pour chaque année de détention (au-delà de la 2e).

Imposition

Les PV réalisées sont imposées au ***taux forfaitaire de 19 %*** majoré des prélèvements sociaux de 17,2 %.
Les ventes de métaux précieux, bijoux, objets d'art > 5 000 € sont soumises à une taxe forfaitaire (11 % pour les métaux précieux et 6 % pour les autres biens).

PLUS-VALUES SUR VALEURS MOBILIÈRES ET DROITS SOCIAUX

Éléments imposables	PV sur transactions boursières, sur cessions effectuées entre particuliers (ventes, apports en société, échanges de titres, partages, retraits d'un PEA dans les 5 ans de son ouverture) et gains issus du rachat des titres par la société et PV sur cessions d'actifs numériques.

Base d'imposition

Plus-Value = Prix de cession – Prix d'acquisition (+ Frais acquittés)

Les MV sont imputables sur les PV de même nature au cours de l'année ou des 10 années suivantes et non sur le revenu global.

Imposition

Les PV nettes réalisées sont imposées au prélèvement forfaitaire unique de 12,8 %, majoré des prélèvement sociaux (CSG non déductible) de 17,2 %, sauf option globale pour le barème de l'IR. Un abattement fixe de 500 000 € est appliqué pour les dirigeants de PME partant à la retraite. Les prélèvements sociaux s'appliquent sur le PV nette globale avant abattement.

L'option pour l'imposition au barème de l'IR permet :

- ***d'appliquer un abattement de droit commun*** pour durée de détention (50 % entre 2 et moins de 8 ans, puis 65 % à partir de 8 ans) et ***un abattement renforcé***, qui peut atteindre 85 % à partir de 8 ans de détention et qui s'applique aux PV portant sur des titres de PME nouvelles (sous conditions). Les abattements sont calculés sur le gain net résultant de la compensation des ± values brutes et en fonction de la durée de détention des titres dégageant des plus-values ;
- ***de déduire*** une fraction de CSG de 6,8 points.

IR : DÉTERMINATION ET CALCUL

REVENU BRUT GLOBAL (RBG)

RBG = Sommes des revenus nets catégoriels – Déficits éventuels

REVENU NET GLOBAL (R)

R = RBG – Charges à déduire du revenu – Abattements spéciaux

Principales charges à déduire du revenu

Seules les dépenses ***payées en 2021 sont déductibles***.

CSG déductible	Montant correspondant à 6,8 % de certains revenus du patrimoine de 2019 et des revenus de placement perçus en 2020, soumis au barème progressif de l'IR
Pension versée à l'ex-conjoint	***Sous 3 conditions*** : caractère de pension alimentaire ; époux séparés de corps, divorcés ou en instance de divorce ; versement résultant d'une décision de justice
Pension alimentaire versée à des enfants	Dont le contribuable n'a pas la garde : déductible, qu'elle ait ou non été fixée par un jugement
Pension versée à des enfants majeurs	Déductible dans la limite de 5 959 € par enfant, portée à 11 918 €, si l'enfant est marié, pacsé ou chargé de famille, et que le contribuable justifie subvenir seul à l'entretien de son foyer
Prestation compensatoire versée à l'ex-conjoint	Déductible si les versements sont échelonnés sur plus de 12 mois tout en n'excédant pas 8 ans
Frais d'entretien d'un ascendant ou d'un descendant	Dépenses de nourriture et de logement déductibles pour un montant forfaitaire de 3 542 € par personne
Frais d'accueil de personnes âgées de plus de 75 ans	Déduction dans la limite de 3 542 € des avantages en nature consentis à ces personnes, 7 084 € pour un couple
Déductions diverses	• Cotisations aux assurances personnelles volontaires de SS, aux régimes de retraite supplémentaire • Rachats ou rappels de cotisations sociales • Pertes en capital subies par les créateurs de société • Fraction des charges foncières relative aux monuments historiques, sous conditions • Arrérages d'une rente versée à titre obligatoire et gratuit
Autres déductions	• Acquisition de parts de copropriété de navires • Versements effectués, sous certaines conditions, sur un compte épargne codéveloppement
Cotisations d'épargne-retraite	Déduction des cotisations ou des primes versées sur des PER ou aux régimes de retraite complémentaire des fonctionnaires sous certaines conditions

Le montant des pensions alimentaires versées sur décision de justice est majoré de 1,25.

Abattements spéciaux

Personnes âgées de plus de 65 ans ou invalides	2 446 € (revenu du foyer < 15 340 €) ou 1 224 € (revenu compris entre 15 340 € et 24 960 €)
Contribuables ayant à charge des enfants mariés, pacsés, chargés de famille	5 959 € par personne rattachée au foyer fiscal

CALCUL DE L'IMPÔT (I)

Les étapes consistent à calculer successivement :

① ***Le nombre de parts*** du foyer fiscal (voir page 35)

② ***Le quotient familial*** correspondant au nombre de parts retenu

③ ***Le montant de l'impôt*** (I) pour une part de QF à l'aide du barème applicable en 2021 aux revenus de 2020 :

Tranches					%
≤	10 084 €				0 %
de	10 084 €	à	25 710 €		14 %
de	25 710 €	à	73 516 €		30 %
de	73 516 €	à	158 122 €		41 %
>	158 122 €				45 %

④ ***Le montant de l'impôt*** (**I**) du foyer fiscal :

I = Impôt I pour une part de QF x Nombre de parts N du foyer fiscal

DÉTERMINATION DE L'IMPÔT À PAYER (IP)

Impôt **I** (résultant du QF et du barème)
– Correctif du plafonnement du quotient familial
– Réduction d'impôt pratiquée sur l'impôt après plafonnement
– Décote éventuelle
– Charges ouvrant droit à des réductions d'impôt
+ Reprises d'impôt et impôt dû sur les RMC et PV taxés à un taux forfaitaire
– Crédits d'impôt
+ Prélèvements sociaux (dus au titre de 2020) sur les revenus du patrimoine
– CIMR relatif à l'IR et aux prélèvements sociaux

= Impôt à payer ou Impôt dû (IP)

IP + Excédent du plafond global des niches fiscales **= IP après plafonnement**

Une contribution exceptionnelle de 3 % est due en 2021 si le RFR du foyer fiscal en 2020 excède 250 000 € (500 000 € pour les couples). ***Le taux est porté à 4 %*** si le RFR excède 500 000 € (1 M€ pour les couples).

Plafonnement du quotient familial

L'allègement d'impôt qui résulte de l'application du quotient familial ne peut ***excéder*** une limite pour l'imposition des revenus de 2020 :

Plafonnement général	***1 570 € pour chaque demi-part*** qui excède 2 parts pour les couples soumis à une imposition commune et une part pour les personnes seules ***3 704 € pour les 2 demi-parts*** correspondant au premier enfant à charge des célibataires, divorcés ou séparés élevant seuls leurs enfants et à 1 570 € pour chacune des demi-parts suivantes
Plafonnement spécifique	***Personnes vivant seules*** ayant élevé seules au moins un enfant dans le passé bénéficient d'une demi-part supplémentaire : 938 €

Réduction complémentaire en cas de plafonnement

Elle est ***pratiquée après le plafonnement*** du quotient familial :

- ***pour les contribuables qui sont dans des situations particulières*** (CI, enfant mineur décédé…) : elle est de 1 565 € maximum pour toute demi-part plafonnée à 1 570 € ;
- ***pour les veufs ayant un ou plusieurs enfants à charge*** : elle est de 1 748 € maximum pour la première demi-part plafonnée à 1 570 €.

La décote

Le montant de la décote s'obtient en retranchant 45,25 % du montant de l'impôt brut à la somme forfaitaire de 779 € pour une imposition individuelle ou de 1 289 € pour une imposition commune.

Exemple : Pour un couple ayant un montant d'impôt brut de 1903 euros, la décote sera égale à : 1 289 – (1 903 x 45,25 %) = 427,89 €. Ainsi, l'impôt brut après décote sera de 1 475,11 € (1 903 – 427,89)

Principales dépenses ouvrant droit à des réductions d'impôt

Dons aux organismes d'aide aux personnes en difficulté	75 % des sommes versées limitées à 1 000 €. Le surplus éventuel bénéficie de la réduction de 66 %
Prestation compensatoire en matière de divorce	25 % des sommes versées sous forme de capital dans la limite de 30 500 € lorsque les versements sont effectués sur une période de moins de 12 mois
Souscription de parts de FCPI ou de FIP	25 % des versements dans la limite de 24 000 € pour les couples et 12 000 € pour les autres cas
Investissements dans le secteur forestier	18 % du prix d'acquisition ou de souscription des biens ou des parts concernés dans la limite annuelle de 6 250 € (personne seule) et de 12 500 € (couple)
Dépenses liées à la dépendance	25 % des sommes versées limitées à 10 000 € par personne hébergée
Rentes-survie et contrat d'épargne handicap	25 % des primes des rentes-survie et de la part d'épargne handicap (base de calcul limitée à 1 525 € augmentée de 300 € par enfant à charge)
Enfants à charge poursuivant leurs études	61 € par enfant au collège ; 153 € par enfant au lycée ; 183 € par enfant dans l'enseignement supérieur
Investissement locatif « Duflot - Pinel »	• Dispositif Duflot pour les investissements réalisés jusqu'au 31/8/2014 : 18 % du prix de revient du logement neuf dans les limites de 5 500 € par m² de surface habitable et de 300 000 € par contribuable et pour une même année d'imposition. • Dispositif Pinel pour les investissements réalisés depuis le 1/9/2014 et jusqu'au 31/12/2021 : il est calqué sur le dispositif Duflot avec les aménagements suivants : – le taux de réduction d'impôt dépend de la durée de location choisie : 12 % pour 6 ans à raison de 2 % par an ; 18 % pour 9 ans à raison de 2 % par an ; 21 % pour 12 ans à raison de 2 % par an pendant 9 ans, puis 1 % pendant 3 ans ; – pour les investissements réalisés depuis le 1/1/2015, le locataire peut être un ascendant ou un descendant, sous conditions.
Dons aux associations, aux financements de la vie politique	• 66 % des versements retenus dans la limite de 20 % du revenu net global • Total des dons et cotisations aux partis politiques limités à 7 500 €
Souscription au capital de sociétés (PME) non cotées soumises à l'impôt sur les bénéfices	Pour les PME, au sens communautaire de moins de 7 ans : 18 % des sommes versées dans la limite de 50 000 € (personne seule) et de 100 000 € (couple)
Intérêts des paiements différés des agriculteurs	50 % du montant des intérêts perçus dans la limite annuelle de 5 000 € ou de 10 000 € (couple)
Souscription au capital de SOFICA jusqu'au 31/12/2020	30 % de la souscription dans la double limite de 25 % du RNG et de 18 000 €. Taux porté à 36 %, si engagement d'investissement de la SOFICA cible

Reprises d'impôt et plus-value à taux forfaitaire

Reprises de réductions ou de crédits d'impôt	Cas où le contribuable a bénéficié précédemment de réductions ou crédits d'impôt susceptibles d'être remis en cause
PV et RCM imposées au taux proportionnel	• PV professionnelles à long terme (BIC, BNC, BA) imposées au taux de 12,80 % • PV sur valeurs mobilières et droits sociaux et RCM imposés au taux de 12,8 %

Principaux crédits d'impôt (CI)

Crédit d'impôt RCM	Égal au montant du prélèvement obligatoire de 12,8 % en 2020 sur les produits de placement à revenu variable ou fixe
Cotisations syndicales	66 % des sommes versées limitées à 1 % des salaires et pensions (sauf les salariés aux frais réels)
Frais de garde des enfants à l'extérieur du domicile	50 % des sommes versées limitées à 2 300 € par enfant âgé de moins de 6 ans au 01/01/2020 ou à 1 150 € en cas de résidence alternée
Emploi d'un salarié à domicile	50 % des sommes versées limitées à 12 000 € (ou 15 000 € si emploi pour la première fois en 2019) majorées de 1 500 € par enfant à charge ; limite du plafond global : 15 000 € ou 18 000 € (ou 20 000 € si l'un des membres du foyer fiscal est titulaire d'une CI)
Intérêts d'emprunt pour l'acquisition de l'habitation principale	***Pour les offres de prêt émises jusqu'au 1/1/2011*** : 25 % des intérêts payés pour la 1re annuité et 10 % les 4 annuités suivantes ; ou 40 % pendant 7 annuités, si acquisition d'un logement neuf BBC ; dans la limite de 3 750 € (personne seule), 7 500 € (couple) ; plus 500 € par enfant à charge
Prêts aux étudiants âgés de moins de 26 ans et non rattachés au foyer fiscal des parents	***Pour les emprunts contractés jusqu'au 31/12/2008*** : 25 % des intérêts versés dans la limite de 1 000 € pour financer des études dans un cycle de l'enseignement supérieur

Dans le cadre du PAS, les réductions et CI récurrents acquis au titre de 2020 font l'objet d'une avance de 60 % de leur montant en janvier 2021, le solde sera versé à l'été 2021. Des ***CI en faveur des entreprises*** peuvent s'imputer sur l'IR.

Pour l'IR 2020, la somme de certains avantages fiscaux bénéficiant à un même contribuable est plafonnée à ***10 000 €*** en l'absence d'investissements outre-mer et de souscription au capital de SOFICA et d'investissements locatifs Pinel ; à ***18 000 €*** dans le cas contraire. L'excédent est ajouté à l'impôt dû calculé selon les règles de droit commun.

17 CSG, CRDS ET PRÉLÈVEMENT DE SOLIDARITÉ

DÉFINITIONS

Contribution sociale généralisée (CSG)	Destinée au financement de la CNAF (Caisse nationale d'allocations familiales), du FSV (Fonds de solidarité vieillesse) et des régimes obligatoires d'assurance-maladie
Contribution au remboursement de la dette sociale (CRDS)	Destinée au remboursement de la dette sociale, source de financement de la CADES (Caisse d'amortissement de la dette sociale)
Prélèvement de solidarité de 7,5 %	Instauré depuis le 1/1/2019 en remplacement du prélèvement social de 4,5 %, de sa contribution additionnelle de 0,30 % et du prélèvement de solidarité de 2 %

REVENUS CONCERNÉS

Revenus d'activité	***Des salariés*** (rémunérations et revenus associés) ***Des non salariés*** (travailleurs indépendants professionnels non salariés… ; revenus des BIC, BNC…)
Revenus de remplacement	Pensions de retraite et d'invalidité ; allocations de chômage ; indemnités journalières de SS ; prestations familiales
Revenus du patrimoine	RF ; RCM autres que ceux soumis au PFO ; PV professionnelles à long terme ; PV sur valeurs mobilières et assimilées
Revenus de placement et d'épargne	Produits de la participation des salariés aux résultats de l'entreprise et des PEE ; produits attachés aux contrats d'assurance-vie ; PV immobilières et sur biens meubles ; intérêts des PEL… ; RCM soumis au PFO

CALCULS

CSG et CRDS sur les revenus d'activité et de remplacement

Nature des revenus	Taux CSG	Taux CRDS	Assiette au 1/1/2020	Déductibilité de la CSG
Revenus d'activité salariée	9,2 %	0,5 %	98,25 % du revenu brut[1]	6,8 %
Revenus de remplacement :				
– allocations chômage[2]	6,2 %	0,5 %	98,25 % du montant brut	3,8 %
– indemnités journalières de Sécurité sociale (IJSS)	6,2 %	0,5 %	100 % des IJSS	3,8 %
– pensions de retraite, d'invalidité[2]	8,3 %[3]	0,5 %	100 % du revenu brut	5,9 %
– allocations de préretraite[2]	9,2 %	0,5 %	100 % du revenu brut	6,8 %

(1) L'abattement de 1,75 % est limité à 4 plafonds annuels de la Sécurité sociale et ne s'applique que sur les éléments constitutifs d'un salaire

(2) ou 3,8 % pour les faibles revenus en fonction du RFR N – 2

(3) ou 6,6 % si RFR N – 2 ≤ 22 941 € pour une personne et ≤ 35 190 € pour un couple

Prélèvements sociaux sur les revenus du patrimoine, de placement et de l'épargne

Nature des revenus	Taux			Déductibilité de la CSG
	CSG	CRDS	Prélèvement de solidarité	
Revenus du patrimoine	9,2 %	0,5 %	7,5 %	6,8 %*
Revenus de placement	9,2 %	0,5 %	7,5 %	6,8 %*
Revenus de l'épargne	9,9 %	0,5 %	7,5 %	non

* Si revenus soumis au barème de l'IR et renoncement global au prélèvement forfaitaire unique

IMPÔT SUR LA FORTUNE IMMOBILIÈRE (IFI)

L'impôt sur la fortune immobilière qui remplace l'ISF depuis le 1/1/2018 frappe les personnes physiques détenant un patrimoine immobilier lorsque sa valeur nette excède 1,3 M€.

BIENS IMPOSABLES ET BIENS EXONÉRÉS

L'IFI concerne l'ensemble ***des biens et droits immobiliers*** ainsi que les ***actions et parts***, à hauteur de la fraction de leur valeur représentative de biens ou droits immobiliers détenus directement ou indirectement par les sociétés ou organismes, ***appartenant au foyer fiscal*** au 1/1 de l'année N.
Toutefois, des ***exonérations*** totales ou partielles sont prévues sous certaines conditions : les immeubles affectés à l'activité professionnelle du redevable, les immeubles affectés à l'activité d'une société opérationnelle, les biens ruraux et les bois et fôrets, les immeubles détenus par des sociétés opérationnelles dont le redevable détient moins de 10 % du capital ou des droits de vote.

BASE D'IMPOSITION

Patrimoine immobilier net imposable en N	=	Biens et droits imposables en N	–	Dettes immoblilières rattachées aux biens taxables à l'IFI au 1/1/N

DÉTERMINATION ET DÉCLARATION DE L'IFI

Barème de calcul

Fraction de la valeur nette taxable du patrimoine				Taux
≤	800 000 €			0 %
>	800 000 €	et ≤	1 300 000 €	0,5 %
>	1 300 000 €	et ≤	2 570 000 €	0,7 %
>	2 570 000 €	et ≤	5 000 000 €	1 %
>	5 000 000 €	et ≤	10 000 000 €	1,25 %
>	10 000 000 €			1,5 %

Réductions

75 % des dons réalisés au profit d'organismes d'intérêt général, de fondations universitaires et de groupements d'employeurs pour l'insertion et la qualification, dans la limite de 50 000 €.

Décote

Décote (D)	Si P* ≥ 1,3 M€ et < 1,4 M€	→	D = 17 500 – (1,25 % P)

* P = Valeur nette taxable du patrimoine immobilier

Plafonnement de l'impôt

Un mécanisme de plafonnement est mis en place au taux de 75 %.
La réduction est égale à la différence entre :

IFI+ IR+ PS*	>	75 % des revenus nets imposables à l'IR et exonérés d'IR au titre de l'année précédente	→	Réduction de l'IFI du montant dépassant ce seuil de 75 %

* Prélèvements sociaux

Un mécanisme anti abus est mis en place afin d'éviter l'optimisation du plafonnement de l'IFI par le contribuable à l'aide de la technique dite de l'*encapsulage* des dividendes.

Déclaration et paiement

La valeur du patrimoine immobilier net imposable est portée sur la déclaration 2025. La composition et l'évaluation du patrimoine sont détaillées sur des annexes. La déclaration et ses annexes sont à déposer en même temps et selon le même mode que la déclaration 2042. L'IFI est recouvré par voie de rôle.

Cet ouvrage a été achevé d'imprimer dans les ateliers de Leitzaran (Espagne)
Numéro d'impression : 723 – Dépôt légal : Mars 2021